ALESSANDRA DI NAPOLI

IL BUSINESS DELLE RICETTE
IN BARATTOLO

Tecniche di Produzione, Attrezzature e Canali di Vendita
Per Realizzare Il Tuo Laboratorio

Titolo

"IL BUSINESS DELLE RICETTE IN BARATTOLO"

Autore

Alessandra Di Napoli

Editore

Bruno Editore

Sito internet

http://www.brunoeditore.it

Sommario

Introduzione

Se tra i tuoi sogni nel cassetto c'è anche quello di aprire un laboratorio di marmellate e conserve, è il momento di tirarlo fuori perché, grazie a questo libro, il tuo sogno potrà diventare realtà.

Sei un imprenditore agricole che produce tanta buona frutta e vorresti far crescere la tua azienda allargando la filiera produttiva, creando una linea di confetture e conserve col tuo nome? Sei un giovane o una giovane che vuole mettersi alla prova nella vita creando qualcosa di "buono"? Sei una mamma, o una casalinga, che ha la passione per la cucina e il dono di creare dolci prelibatezze per i propri cari e per gli amici e accarezzi l'idea di sfruttare questa tua dote e farne un business?

Oppure semplicemente hai un B&B o un agriturismo e ti piacerebbe creare una linea di marmellate e conserve con un tuo marchio da poter servire e vendere ai tuoi ospiti?

Bene questo è il libro giusto, quello che ti svelerà il mondo delle marmellate, come produrle in modo sicuro, usando un'attrezzatura specifica, e come metterle sul mercato per creare il tuo business dalla tua passione. Già immagini tutti quei bei vasetti allineati con la tua etichetta, il tuo marchio e il tuo nome. Una bella soddisfazione, lo so. Un piccolo laboratorio di marmellate oggi è alla portata di tutti. Non è una cosa molto complicata e non occorrono grossi investimenti per realizzarlo.

Lo so, conosco tutti i dubbi che stanno affiorando nella tua mente: il mercato è in crisi, i soldi da investire sono troppi, se non va bene perdo tutto, non mi sono mai cimentato, se non dovessi riuscire... Non voglio illuderti dicendo che chiunque può realizzare un laboratorio di confetture semplicemente desiderandolo ma, se hai una forte determinazione, tanta passione e le giuste competenze, allora niente può fermarti.

Bisogna sicuramente impegnarsi molto, agire su più fronti, metterci tanta dedizione e cuore, essere concentrati sull'obiettivo, ma vedrai che il risultato sarà garantito, specialmente se apprenderai tutti i segreti e i retroscena che ti svelerò in questo libro. Potrai creare non dei semplici prodotti artigianali, ma delle eccellenze gastronomiche che tutti vorranno assaggiare e acquistare.

Grazie a questo libro, scoprirai come tutto è più semplice di quanto tu possa pensare, perché metterò a tua disposizione la mia esperienza pluriennale in modo che tu possa avere subito la soluzione a tutti i dubbi e le complicazioni che sicuramente incontreresti se non avessi la conoscenza adeguata.

Ti svelerò come aggirare tutti i problemi e andare dritto al punto o meglio... dritto alla vendita. Ti svelerò le strategie migliori per creare un prodotto appetibile e vendibile sul mercato. Imparerai le tecniche di produzione, l'utilizzo delle attrezzature e cosa occorre per aprire un laboratorio dalla A alla Z.

Io ho già percorso questa strada e posso rendere il tuo obiettivo facilmente raggiungibile, facendoti risparmiare un sacco di tempo. La mia famiglia ha un'azienda agricola di 30 ettari. Coltiviamo alberi da frutto: albicocche, mandarini, arance, limoni. C'è sempre una piccola parte di frutta che resta invenduta, perché il mercato è saturo o perché ha qualche imperfezione oppure perché è troppo matura.

Ci è venuto naturale pensare a come non sprecare questo prodotto trasformandolo in qualcosa di buono, qualcosa che delizia il palato di bambini e adulti: un'eccellenza gastronomica. E così io, mia mamma e mia sorella abbiamo deciso qualche anno fa di creare un piccolo laboratorio di confetture e di conserve sott'olio.

Sin da subito abbiamo incontrato difficoltà. La burocrazia, il fantastico macchinario in bolla di concentrazione acquistato che si è inceppato al primo utilizzo, la standardizzazione del prodotto, la reperibilità di ingredienti di qualità a un costo vantaggioso, il semplice acquisto di vasetti.

La prima volta ad esempio ho dovuto acquistare 5 bancali di vasetti che ho avuto difficoltà sia a pagare sia a stoccare. Hai presente quanto posto occupano 5 bancali di vasetti di vetro? Una stanza intera. E poi il problema dell'etichetta! Lo sapevi che è vietato stampare le etichette in casa, a meno che tu non abbia un'apposita stampa-etichette che utilizza uno speciale inchiostro?

Mano a mano che procedevamo, incontravamo sempre nuovi ostacoli e perdevamo un sacco di tempo e denaro per risolverli... uno dopo l'altro. Abbiamo partecipato a numerose fiere a tema, ma non abbiamo avuto alcun riscontro. Ci hanno portato solo costi in spostamenti, acquisto stand o spazio espositivo. Si ci sono voluti tempo ed energie prima di riuscire a decollare e ad avere un'intervista su Rai Radio3, uno spazio sulla trasmissione di Rai1 *Linea verde* e diversi articoli su giornali e riviste, fra cui *Bell'Italia*.

Grazie alla mia esperienza tu non sprecherai il tuo tempo e i tuoi soldi. Grazie ai miei consigli, aprire un piccolo laboratorio di confetture e iniziare a guadagnare sarà semplice. Dovrai metterci solo tutta la tua passione e la tua energia.

Una curiosità: la conosci la differenza fra marmellata e confettura? Non sono affatto sinonimi. Per legge sono due prodotti simili ma diversi. Una direttiva europea del 1979 ha stabilito che la marmellata è un preparato a base di soli agrumi e zucchero, mentre la confettura è quella preparata con tutti gli altri frutti. La marmellata deve contenere almeno il 20% di frutta di cui almeno il 7,5% deve provenire dall'endocarpo (la polpa del frutto); la confettura almeno il 35% e la confettura extra almeno il 45%. Fanno eccezione alcuni frutti come il ribes e la mela cotogna, che possono contenere una percentuale minore di frutta. La composta di frutta deve contenere almeno il 65% di frutta.

Una nota doverosa va fatta per la questione del botulino. Se produci marmellate e confetture non vi è rischio di botulino perché lo zucchero e il basso ph della frutta sono due elementi che lo inibiscono. Nelle produzioni di verdure in olio, invece questi due fattori mancano. Per questa ragione non è necessario sterilizzare le confetture, è sufficiente la pastorizzazione.

Adesso, però, iniziamo questa fruttuosa avventura.

CAPITOLO 1:

Come trovare il tuo mercato ideale

Una buona programmazione iniziale è alla base di tutto. Non pensare che stare seduti a tavolino a programmare sia una perdita di tempo. Avere chiaro l'obiettivo finale è la chiave del successo del tuo laboratorio. Immagina uno scalatore inesperto che decide di conquistare una vetta: sa che deve salire verso la cima ma non sa esattamente su quale versante della montagna arriverà. Se non si conosce esattamente il punto di arrivo, non si può nemmeno essere in grado di individuare la strada migliore per arrivarci.

Ogni strategia o problema deve essere visto e risolto in base al tuo obiettivo finale. Ora ti chiedo: qual è il tuo obiettivo finale? Fare marmellate e conserve, dirai tu. Giusto, ma andiamo nello specifico cercando di definire meglio il tuo obiettivo.

Hai già riflettuto sul tipo di mercato da raggiungere? Ti piacerebbe entrare nelle case delle famiglie con un prodotto quotidiano, vendere a negozi turistici perché magari il turismo è una risorsa del tuo territorio, oppure vendere nei mercatini dedicati, rivolgerti ai mercati stranieri, o ai GAS?

Se hai un B&B o un agriturismo sicuramente vorrai vendere ai tuoi clienti, ma perché non pensare di allargare un po' il canale di vendita? Se sceglierai *a priori* il mercato da raggiungere, potrai focalizzare le tue energie e le tue idee verso un certo tipo di produzione con grande risparmio di tempo e denaro.

SEGRETO n. 1: scegli bene l'obiettivo: il target di mercato che vuoi raggiungere, il tempo che vuoi impiegare in questa attività e i guadagni che intendi ricavarne.

Ti chiederai cosa cambia se si decide di produrre per un mercato piuttosto che per un altro. Cambia tutto, o quasi. Contrariamente a ciò che si pensa, la scelta del canale di vendita è un argomento che va affrontato all'inizio della programmazione e non alla fine, perché in base al canale di vendita scelto possiamo poi prendere le decisioni riguardo all'acquisto di un attrezzo invece di un altro, all'utilizzo di un determinato tipo di vasetto o alla scelta di una specifica lavorazione, a seconda della tipologia di consumatore che sceglierai. Il tuo prodotto dovrà essere interamente dedicato al tuo consumatore: in base a questo sceglierai il tipo di vasetto da acquistare (standard, più prezioso, da 314 o da 200 g), il tipo di ingredienti (frutta fresca, semilavorata o polpa), il tipo di etichetta, il marchio ecc.

Non preoccuparti perché, nei prossimi capitoli, ti spiegherò passo passo tutte le diverse opzioni e i vantaggi o gli svantaggi di ognuna di esse. Ti parlerò dei vari tipi di materie prime, dei diversi tipi di zuccheri, come procurarsi le materie prime a costo veramente basso, al di sotto dell'euro. Certo è possibile scegliere di rivolgersi a più di un mercato, ma io consiglio, soprattutto all'inizio, di focalizzarsi su un solo mercato in modo da andare più spediti. Perché rendersi le cose difficili da subito?

SEGRETO n. 2: analizza bene tutti i mercati ma, all'inizio, focalizzati su uno solo per non sprecare energie, tempo e denaro.

Una volta che ci si è stabilizzati e che la produzione va alla grande sarà possibile allargare gli obiettivi e i mercati. Ricorda che, se vuoi vincere in un contesto come quello in cui stiamo vivendo, il segreto è: specializzarsi, creare un'eccellenza.

SEGRETO n. 3: specializzati, differenziati, crea un prodotto unico, un'eccellenza.

Una volta deciso il mercato che vuoi conquistare, puoi dedicarti a definire il tuo prodotto in base al consumatore finale che hai scelto di raggiungere. Puoi passare quindi alla scelta delle fasi successive:

1. Dotazione laboratorio:
   - vasche e tavoli da lavoro acciaio inox o lega;
   - bolla di concentrazione o pentolone;
   - misuratore gradi Brix;
   - cutter;
   - frigoriferi (si/no);
   - pH-metro.
2. Scelta degli ingredienti:
   - tipo di frutta: fresca, semilavorata, polpa sottovuoto, polpa conservata, frutta congelata;

- tipo di zucchero: bianco, di canna, di canna bio, sciroppo di riso, succo d'uva, fruttosio;
- addensanti: pectina chimica, pectina naturale, addensanti della frutta naturali, alga agar agar (bio e non).

3. Tipo di lavorazione:

- in pentola;
- in bolla di concentrazione;
- pastorizzazione in autoclave o in pastorizzatore.

4. Scelta del vasetto.

SEGRETO n. 4: studia tutte le tecniche, gli strumenti di lavorazione e i diversi tipi di ingredienti, per scegliere la migliore strategia di produzione da adottare in base alle tue esigenze e al tuo obiettivo.

Esaminiamo ora uno a uno i principali mercati a cui potremmo rivolgerci:

- vendita in azienda;
- mercatini e Fiere;
- negozi alimentari diversi (turistici, tipici, biologici, GAS, GDO);

- alberghi;

- ristoranti;

- mercato estero;

- vendita online.

Vendita in azienda

Se sei proprietario di un B&B o di un agriturismo, sarebbe un valore aggiunto offrire ai tuoi ospiti delle confetture fatte da te. Oltre a dare maggior prestigio alla tua struttura, avresti già un canale di vendita: i tuoi ospiti che, assaggiata la bontà delle tue delizie, non potranno fare a meno di portare a casa qualche vasetto.

Se questo è il tuo obiettivo, le scelte che dovrai prendere, come ad esempio quelle sulla grandezza del vasetto o su quale tipo di zucchero adottare, saranno più semplici, perché si basano sulle esigenze della tua struttura che tu conosci bene, e sulla tipologia dei tuoi ospiti. In questo caso, se tu decidessi per il formato monodose di marmellate da servire per colazione, devi mettere in conto che, in ogni caso dovrai anche produrre dei vasetti più grandi per la vendita a quegli ospiti che, dopo averle gustate nella tua struttura, vorranno acquistarle per sé o per regalarle a un amico.

Mercatini e Fiere

Se sei una giovane mamma o donna in carriera con il sogno di produrre marmellate e conserve, oppure sei proprietario di un'azienda agricola e vuoi allungare la filiera di produzione, soprattutto i mercatini sono un ottimo canale di vendita. Io consiglio sempre di partecipare ai mercatini dedicati:

- mercatini biologici se si sceglie di produrre biologico;
- mercatini contadini, e quelli a km 0;
- mercatini di associazioni come Legambiente, Coltivatori diretti;
- Fiere di settore come, ad esempio, VeganFest, Cibus e SANA, per citarne alcune.

Il vantaggio dei mercatini è che, quasi sempre, si svolgono il sabato e la domenica, quindi non intralciano la produttività. Inoltre i costi degli stand sono davvero contenuti, a volte gratuiti e si ha un pubblico che viene al mercatino per acquistare, per fare la spesa e non per trascorrere una giornata o curiosare. Quindi il mio consiglio è di scegliere accuratamente il mercato a cui si vuole partecipare.

Nei mercatini incontri un pubblico ampio che ha la possibilità di assaggiare il tuo prodotto prima di acquistarlo. Hai la possibilità di farti conoscere e di farti pubblicità. Pertanto sì ai mercatini se si producono piccole quantità e si vuole vendere direttamente senza intermediari. Il margine di guadagno è più alto e le spese di partecipazione, se si è oculati, non sono eccessive.

Diverso è il discorso per le Fiere. Avendo partecipato a parecchie Fiere importanti – dal VeganFest in Toscana, a SaporBio di Marco Columbro, al SANA, alla Fiera dell'Artigiano di Milano e molte altre – posso dire con assoluta certezza che il tempo delle Fiere e dei mercati-evento è un po' passato. Mettendo sulla bilancia i pro e i contro, a mio avviso, i contro hanno più peso.

Il primo svantaggio è l'acquisto di uno spazio espositivo. Uno stand di 2 mq può costare dai 300 euro della piccola Fiera, fino ai 3.000 euro della Fiera dell'Artigiano. Più è famosa la Fiera e più gli stand costano, perché è assicurata più affluenza. Ma non sempre l'affluenza è sinonimo di vendita sicura. Oggi la gente va alle Fiere per curiosare, per trascorrere una bella giornata e acquista sempre meno. Tra il biglietto d'ingresso, la benzina per arrivare o il biglietto del treno, la spesa per gustare qualcosa tra gli stand o nei ristoranti, tra le mille proposte d'acquisto che ci sono in Fiera, la percentuale di persone che sceglie i tuoi prodotti è davvero bassa.

Il secondo svantaggio è che spesso le Fiere non sono dietro l'angolo quindi devi mettere in conto spese di viaggio, di alloggio e, se non puoi portare i tuoi prodotti con te, anche le spese del corriere. Quindi, a conti fatti, tra viaggio, soggiorno e costo dello stand devi stare molto attento e cercare di recuperare almeno i soldi delle spese. Le Fiere dedicate vanno benissimo se si sceglie di investire per farsi conoscere.

Sul web è noto il caso della casalinga di Reggio Emilia con la passione per la cucina che ha scelto di investire su se stessa. Si è messa in gioco e ha iniziato a produrre le sue marmellate insieme a delle amiche da vendere ai mercatini. Dopo un paio di anni, poiché le cose andavano bene, ha deciso di fare sul serio e, dalla cucina di casa sua, è passata a un piccolo laboratorio, un sito web, la vendita nei negozi e la partecipazione alle Fiere per farsi conoscere. È stata selezionata tra altri produttori per rappresentare il Made in Italy alla Fiera Summer Fancy Food di New York e adesso è in procinto di aprirci un ufficio commerciale.

Ti chiederai come individuare questi mercati. Basta partecipare a uno o due di cui sei venuto a conoscenza tramite internet o nella tua zona, e subito entri in un circuito di organizzazioni di eventi. Sarai sommerso di richieste di partecipazione a questo o a quell'evento!

Scegli con calma e con giudizio. E, se puoi, dividi lo stand con un altro produttore, di settore diverso ma affine, ad esempio un produttore di miele o di salumi. Le quote di partecipazione si pagano settimane prima dell'evento e gli organizzatori, per quanto garantiscano l'affluenza, non possono garantire la capacità d'acquisto, quindi il rischio è tutto a tuo carico.

Tutti gli organizzatori sono abbastanza seri e di sicuro promuovono l'evento al massimo ma, pur con un'affluenza alta, spesso si torna a casa a mani vuote, mentre altre volte inaspettatamente la gente è ben predisposta, assaggia volentieri i prodotti e acquista.

SEGRETO n. 5: sì alla partecipazione ai mercatini per un guadagno immediato, "ni" alle Fiere, utili per farsi conoscere, ma da scegliere con attenzione considerando i costi elevati.

Negozi

Se il tuo obiettivo è la vendita nei negozi di alimentari devi sapere che non sono tutti uguali. Ogni tipo di negozio ha un target di riferimento.

Il negozio turistico non ordinerà marmellata in confezione famiglia, ma preferirà un bel packaging, con un vasetto più prezioso e un'etichetta che richiami il luogo turistico, caratteristiche più adatte a una clientela che acquista regali da portare ad amici e parenti.

Al contrario, il negozio salutista o biologico, non acquisterà il vasetto con una forma originale e all'ultima moda, ma avrà un interesse maggiore per gli ingredienti: senza zucchero bianco, senza additivi chimici, con frutta fresca e magari biologica.

Un altro esempio è il negozio di gastronomia o gourmet, che richiederà sicuramente dei prodotti particolari e gusti nuovi che ancora non si sono visti sul mercato, come potrebbe essere una confettura pera, zenzero e cannella.

Perciò, se non decidi di specializzarti verso un mercato specifico, per la tua produzione di confetture ti ritroverai ad acquistare due tipi di zuccheri e tre tipi di vasetti diversi. Sarebbe il caos ancora prima di iniziare. Perché complicarsi la vita?

Esaminiamo adesso le varie tipologie di negozi alimentari. Oltre ai negozi turistici, biologici, e di specialità gastronomiche o gourmet di cui ti ho già parlato, vi sono altre tipologie: i negozi di prodotti tipici, i GAS (Gruppi di Acquisto Solidale) e la GDO (Grande Distribuzione Organizzata).

Il target di vendita del negozio di prodotti tipici di solito sono le famiglie, i buongustai e coloro che vogliono mangiare genuino. Il cliente tipico è quello che cerca i prodotti della nonna e vuole ritrovare i sapori di quando era bambino. La confettura ideale sarebbe quella presentata in un vasetto non troppo piccolo (un 314 ml standard sarebbe perfetto), di gusti classici o leggermente innovativi per invogliare l'assaggio. Ad esempio, ciliegia e cannella, mandarino e limone, fichi con noci, melone. In questo caso evitare combinazioni troppo elaborate come limone e zenzero e simili.

Il cliente dei negozi biologici e salutista invece è una persona che pensa *in primis* alla salute. Fai quindi particolare attenzione alla scelta degli ingredienti, che devono essere tassativamente biologici, senza zucchero bianco (che, com'è risaputo, ormai è tutto chimico).

Bisogna porre grande attenzione al tipo di zucchero da usare che potrà essere il classico zucchero di canna, o il succo d'uva, o il fruttosio o, addirittura, il malto di riso. Il massimo sarebbe utilizzare uno zucchero proveniente dal commercio equo e solidale, in modo da far scattare nell'acquirente anche la leva della solidarietà. Nel prossimo capitolo ti svelerò le differenze e i vantaggi di uno zucchero piuttosto che un altro. Comunque, anche in questo caso è consigliabile usare un vasetto semplice, non elaborato e un'etichetta chiara, magari in carta riciclata.

GAS (Gruppi di Acquisto Solidale)

Per i GAS valgono le stesse regole dei negozio di prodotti tipici o biologici. Vi sono GAS composti da gente di città a cui interessa solo acquistare direttamente dal produttore per risparmiare, e in questo caso valgono i consigli che ti ho dato per i negozi tipici. Ma vi sono anche GAS bio composti da gruppi di persone che vogliono solo prodotti naturali e biologici senza spendere una fortuna, allora puoi adottare le stesse scelte che ti ho suggerito per i negozi bio.

GDO (Grande distribuzione organizzata)

Poiché parliamo di un laboratorio artigianale e non di un'entità produttiva industriale, escluderei *a priori* la GDO, anche se ultimamente nei grandi supermercati si vedono aree dedicate a prodotti a km 0 o prodotti artigianali. Volendo tentare questa strada, devi cercare di ottenere un prodotto di qualità a un prezzo molto competitivo. Dovresti dunque porre grande attenzione nel procurarti gli ingredienti al miglior prezzo, magari giocando sulle quantità. È dura ma si può riuscire.

Alberghi

Riuscire a stringere un contratto per forniture di marmellate con un albergo o, meglio ancora, con una piccola catena di alberghi è davvero una bellissima soddisfazione. Si avrebbe un cliente fidato e una richiesta costante per tutto l'anno. Vendita assicurata a lungo termine.

Il problema è riuscire a concludere un contratto di questo tipo. Per quanto ambiscano a un prodotto di qualità come il tuo, artigianale, gustoso e fatto con frutta fresca, di solito gli alberghi non possono permetterselo.

Il maggiore ostacolo è rappresentato dal vasetto. Un vasetto monodose da 30 ml, purtroppo, costa circa 30 centesimi, a cui si aggiunge il costo dell'etichetta (7 centesimi se te la fai stampare da una tipografia e 2 centesimi se la stampi da solo con una stampante professionale) e almeno 10 centesimi di prodotto. Non contando nemmeno le spese della scatola di imballaggio, siamo già arrivati a 47 centesimi. Quindi il vasetto monodose dovresti venderlo almeno a 60-70 centesimi e di norma gli alberghi non possono affrontare questa spesa.

Considera che gli di norma pagano la marmellata in confezione di plastica al massimo 10 centesimi al pezzo e quella in vetro monodose al massimo 35. Bisognerebbe trovare una catena di alberghi veramente di lusso. Ho fornito confetture e conserve a Palazzo Margherita, l'hotel di Francis Ford Coppola in Basilicata, dove una camera costa circa 300 euro a notte, eppure non potevano permettersi le confezioni monodose perché troppo costose.

Ma i casi sono tantissimi e magari sei amico o parente di un proprietario di albergo che tiene particolarmente alla colazione, oppure avendo deciso di produrre esclusivamente per questo settore puoi acquistare il macchinario per riempire e chiudere le vaschette di plastica monodose e hai risolto il problema. Ed ecco che ritorna la programmazione iniziale. Se fai una buona programmazione non devi poi correre ai ripari in corso d'opera perché sei già organizzato in tutto dall'inizio.

Ristoranti

Produrre per i ristoranti è forse la cosa più semplice. I ristoranti tassativamente hanno bisogno di barattoli grandi da 1 kg o anche da 1,5 kg. Quindi per uno stesso quantitativo di confettura prodotto si avranno meno spese e meno lavoro (meno barattoli da riempire, meno etichette da stampare). Il ristorante che si rivolge a te è sicuramente di buon livello se sceglie un prodotto artigianale, pertanto bisogna dare la massima attenzione al gusto, al colore del prodotto e alla qualità.

È logico che un ristorante di questo tipo sa già che pagherà il tuo prodotto sicuramente di più di quanto pagherebbe una confettura o una conserva al Cash&carry, tuttavia il tuo guadagno è sicuramente inferiore a quello che potresti ottenere vendendo lo stesso quantitativo di prodotto in vasetti da 220 gr o da 314 gr. Il vantaggio è che anche se il margine di guadagno è molto basso, il lavoro impiegato è minore, e inoltre, questo tipo di produzione è abbinabile a qualsiasi altro tipo di produzione che hai scelto. Questo è il caso in cui puoi tranquillamente rivolgerti a due diversi mercati con una stessa produzione.

Mercato estero

Il mercato estero è forse il miglior canale di vendita di tutti. Si sa che la confettura è più consumata nei paesi stranieri, soprattutto quelli del Nord Europa, che in Italia. Non ne avevo mai capito la ragione, ma una mia amica che vive a Bruxelles da anni mi ha fatto riflettere che in Nord Europa, a parte le mele e poco altro, non hanno frutta fresca saporita come albicocche, pesche, e arance e che quindi l'unico modo per poterle gustare è in un barattolo di confettura.

Un accenno particolare va fatto poi per gli Stati Uniti. Oltreoceano hanno una vera e propria venerazione per ciò che è italiano e prodotto in Italia. I cibi italiani hanno un che di nostalgico e romantico. Quasi tutte le famiglie hanno qualche parente emigrato dall'Italia negli Stati Uniti che ha raccontato loro dell'amata patria natia con i suoi cibi e i suoi profumi. Se scegli una bella etichetta con un qualcosa di antico e metti un marchio tipo "Mamma qualcosa", o "Nonna qualcosa", sfondi di sicuro.

A me è capitato che un negozio di Boston – per essere precisi di Cambridge – che era proprio di fronte alla famosa università di Harvard, fece un grosso ordine perché voleva assolutamente la mia confettura di mandarini, a patto però che cambiassi il logo e tutta l'etichetta.

La mia etichetta era molto colorata, con un logo che rappresentava una piccola fabbrica in una fattoria con pecorelle e tanti fiori, rappresentava un po' la nostra società fatta di tre giovani donne imprenditrici, niente quindi che ricordasse la vecchia Italia, niente mamma o nonna col fazzoletto in testa o immagini color seppia di paesaggi italiani. E questo per loro era un problema.

Un altro fattore da tenere in considerazione se decidi di produrre per il mercato estero è che la richiesta di prodotti biologici è in forte aumento. In tutti i supermercati, europei e non, ormai c'è una linea bio, anche nei discount. È la Germania, grande estimatrice di prodotti italiani, il paese in Europa che consuma più prodotti biologici in assoluto.

Se poi ti piace viaggiare, sappi che, specialmente in estate, ci sono moltissime Fiere dove i prodotti italiani sono tenuti in grande considerazione: soprattutto in Scozia, in Norvegia e in Svezia. Una mia amica molto intraprendente ogni anno, con il suo camper pieno di marmellate e altre conserve italiane, va fino in Norvegia per partecipare a una festa-mercato dove riesce a vendere un vasetto di marmellata da 212 gr a oltre 12 euro. Ormai la conoscono. Ha imparato persino qualche parola in norvegese (anche se in Norvegia tutti capiscono benissimo l'inglese) e l'aspettano ogni anno. A volte basta un po' di fantasia e di intraprendenza.

SEGRETO n. 6: informati sui gusti e le aspettative del tuo consumatore finale e, in base a questo, orienta gli acquisti e la produzione.

Vendita online

In un'analisi dei mercati non poteva mancare la vendita via web. Internet come sappiamo è un ottimo canale di vendita ma, a mio avviso, in questo mercato il nostro prodotto ha delle penalità. Penalità che possiamo comunque aggirare con delle astuzie. Andiamo subito a esaminare i vantaggi e gli eventuali ostacoli che poi ti svelerò come aggirare.

Produrre per vendere via internet ha il vantaggio che possiamo abbinare questo canale a qualsiasi altro che abbiamo scelto. Inoltre, i pagamenti sono anticipati, i margini di profitto sono maggiori, poiché i costi di gestione sono ridotti al minimo, ed è una vendita diretta senza intermediari. Non si hanno infatti spese di affitto di locali come quando si decide di aprire un negozio, né di viaggio o di acquisto stand come per la vendita nei mercati. Ci sarebbe solo il costo della realizzazione di un sito web *una tantum*, il costo di un abbonamento annuo per un server (dai 30 ai 50 euro) e il costo di una buona pubblicità su Facebook o Google.

Purtroppo su internet il settore delle conserve è penalizzato rispetto ad altri settori. Il motivo? Il vasetto di vetro. Il vasetto di vetro, oltre a essere più difficoltoso da spedire, per via della sua fragilità, ad esempio di una maglia, è anche molto pesante. Un vasetto di marmellata da 314 gr pieno di confettura può arrivare a pesare anche 500 gr, ed è sicuramente più voluminoso di un capo d'abbigliamento. Fragilità, peso e volume fanno lievitare i costi di spedizione.

Chi fa acquisti online di solito cerca il miglior prodotto

particolare e speciale al minor prezzo e anche se vendi il tuo barattolo a prezzi stracciati, con l'aggiunta del costo di spedizione la tua confettura non sarebbe più competitiva. Il consumatore dovrebbe ordinare un grosso quantitativo di vasetti per ammortizzare i costi di spedizione. Come fare dunque? Rinunciare a vendere online? Niente affatto.

Il segreto è: associazione e diversificazione. Puoi decidere di associarti a qualche altro produttore e realizzare assieme a lui un sito web dove si vendono diversi tipi di prodotti alimentari, in modo che il consumatore possa acquistare un paniere composto da prodotti diversi. È più facile trovare un consumatore che ordina un grosso pacco di salumi, formaggi, miele e marmellate piuttosto che un consumatore che acquista un grosso pacco composto solo di marmellate. Va da sé che dovrai trovare dei soci con prodotti di qualità pari al tuo che, altrimenti, ne verrebbe penalizzato.

Se proprio non vuoi associarti con alcuno, e non hai voglia o non hai le competenze per pubblicizzare il tuo sito, allora ti consiglio di non fare un sito di vendita online ma un semplice sito-vetrina della tua azienda e di vendere i tuoi prodotti online attraverso siti di settore già esistenti sul mercato da anni, che hanno una vasta clientela. Stiamo parlando di siti come, ad esempio, *Macrolibrarsi*, che vende prodotti per il benessere, cibo e libri. Sul web ce ne sono tantissimi: fai una ricerca dei più quotati e scegli quello che rispecchia di più il tuo prodotto.

Se il tuo è un prodotto legato al territorio, scegli un sito di prodotti regionali, se la tua confettura è senza zucchero bianco, scegline uno di prodotti dietetici e così via. Naturalmente dovrai conferire una percentuale e quindi i margini di profitto si riducono; ma la perdita sarebbe compensata dall'assenza delle spese di gestione di un negozio online e di pubblicità.

SEGRETO n. 7: per vendere online crea un paniere di prodotti simili associandoti ad altri produttori, oppure inseriscti su portali di vendita già conosciuti.

RIEPILOGO DEL CAPITOLO 1:

- SEGRETO n. 1: scegli bene l'obiettivo, il target di mercato che vuoi raggiungere, il tempo che vuoi impiegare in questa attività e i guadagni che intendi ricavarne.

- SEGRETO n. 2: analizza bene tutti i mercati ma, all'inizio, focalizzati su uno solo per non sprecare energie, tempo e denaro.

- SEGRETO n. 3: specializzati, differenziati, crea un prodotto unico, un'eccellenza.

- SEGRETO n. 4: studia tutte le tecniche, gli strumenti di lavorazione e i diversi tipi di ingredienti, per scegliere la migliore strategia di produzione da adottare in base alle tue esigenze e al tuo obiettivo.

- SEGRETO n. 5: sì alla partecipazione ai mercatini per un guadagno immediato, "ni" alle Fiere, utili per farsi conoscere, ma da scegliere con attenzione considerando i costi elevati.

- SEGRETO n. 6: informati sui gusti e le aspettative del tuo consumatore finale e, in base a questo, orienta gli acquisti e la produzione.

- SEGRETO n. 7: per vendere online crea un paniere di prodotti simili associandoti ad altri produttori, oppure inserisciti su portali di vendita già conosciuti.

CAPITOLO 2:

Come scegliere le attrezzature risparmiando

Dopo aver stabilito i tuoi obiettivi e tracciato sulla carta il tuo percorso, puoi passare finalmente all'azione sul campo. Adesso sei pronto per iniziare la tua produzione. Occorrerà tanta passione e determinazione ma, grazie alle strategie che ti insegnerò e a tutti i segreti che ti sto per svelare, potrai percorrere la strada verso il traguardo speditamente.

Certo dovrai impegnarti molto anche fisicamente. Una volta in un film ho sentito questa frase: «Se lavorassi non saprei fare bene il mio lavoro». Ecco, ancora non sei arrivato a questo punto, ma ponitelo come traguardo: impara il più possibile, specializzati, crea un'eccellenza e vedrai che acquisirai conoscenza e abilità tali che tutto sarà più leggero, tanto da poter dire che il tuo non è un lavoro, ma un piacere. Lavorerai così bene che ti sembrerà di non lavorare.

Per amore di conoscenza devo dirti che c'è anche un'altra possibilità. Se non te la senti di impegnarti al massimo, di lavorare fisicamente e magari hai un'azienda agricola con tanta frutta da trasformare, puoi ricorrere alla lavorazione in conto terzi. In altre parole, puoi far produrre le marmellate da un altro laboratorio già avviato. Il vantaggio è che avresti i tuoi vasetti di marmellata senza dover aprire un laboratorio e senza un lavoro di produzione.

Gli svantaggi vanno da sé: margini di profitto inferiori e impossibilità di controllare al 100 % la qualità. Non è un prodotto veramente tuo. Ma io sono qui per aiutarti a realizzare il tuo sogno, so che sei determinato e hai tanta voglia di fare, quindi lasciamo da parte questa ipotesi e andiamo a vedere in che modo, tecnicamente, puoi produrre le tue confetture.

Fermo restando che stiamo parlando sempre di come aprire un piccolo laboratorio di conserve alla portata di tutti, è possibile avviare questa attività spendendo 5-10 mila euro come anche spendendone 80 mila. Dipende dalle scelte che fai, dalla scelta del macchinario da acquistare e, naturalmente, dal tuo budget.

Diciamo che un buon laboratorio di produzione media costa circa 25 mila euro.

Ti indicherò ciò che è veramente indispensabile per un buon laboratorio artigianale, cosa puoi comprare magari più in là nel tempo e come evitare le trappole dei venditori di settore. Ti spiegherò il funzionamento, i vantaggi e l'utilizzo di ciascun attrezzo in modo da poter scegliere con competenza e tranquillità senza farti cogliere impreparato dal venditore che cercherà di venderti anche quello che non è indispensabile. Ti mostrerò come fare per risparmiare migliaia di euro.

Sei pronto dunque per iniziare a creare il tuo laboratorio? Bene vediamo innanzitutto quali sono le attrezzature indispensabili e quelle di cui puoi anche farne a meno, a cosa servono e come funzionano.

Trattandosi di un laboratorio artigianale, non dovrai acquistare costosissimi nastri trasportatori e meccanismi automatizzati, ma se non conosci bene il settore rischi ugualmente di spendere il doppio o il triplo di quanto effettivamente necessiti, o di acquistare un sacco di macchinari costosi e non strettamente necessari che, il venditore di attrezzature a cui ti rivolgerai, ti proporrà insistentemente. Grazie ai miei suggerimenti potrai risparmiare un buon 40% se non di più.

Per un piccolo laboratorio di confetture sono necessarie innanzitutto vasche di lavaggio, banchi di lavoro, contenitori e utensili che abbiamo comunemente nelle nostre cucine. Tutto deve essere in acciaio, ma il segreto è che non necessariamente devono essere in acciaio inox 18/10, infatti puoi trovare degli ottimi banchi e vasche di lavaggio in acciaio legato, che costano molto meno e sono comunque ottimi.

Io trovai sul web un'ottima ditta tedesca che mi spedì tutto a casa. Comprese le spese di spedizione il tutto mi costò meno della metà di quanto mi avevano chiesto i negozi specializzati in attrezzature industriali. Devi sapere che ci sono determinate categorie di negozi che, non si sa perché, hanno dei prezzi allucinanti e ingiustificati e una categoria di queste sono proprio i negozi per attrezzature industriali e arredi negozi. La giustificazione è che essendo negozi specializzati per un determinato settore dovrebbero avere prodotti professionali e garantiti, ma ti assicuro che non è affatto così.

Un esempio è un rubinetto con leva clinica. Tutti i lavandini del laboratorio dovrebbero avere questo tipo di rubinetto che si può aprire anche con il gomito. In un negozio per attrezzature industriali il costo è sui 150 euro, ma io l'ho comprato in un famoso centro commerciale del fai da te spendendo 60 euro. Su internet lo si può trovare anche per 50.

E stiamo parlando di un semplice rubinetto, immagina su un banco di lavoro o su una vasca di lavaggio quanto può essere il risparmio. Sul web puoi trovare siti di attrezzature commerciali di seconda mano; molte aziende cambiano i macchinari, spesso perché si ingrandiscono, o perché chiudono e, con un po' di pazienza, si riescono a trovare ottime soluzioni a prezzi davvero stracciati.

SEGRETO n. 8: per l'acquisto di attrezzature non rivolgerti subito a negozi di settore specializzati, cerca sul web e, soprattutto, cerca prodotti di buona qualità ma equivalenti.

Oltre alle vasche, ai piani di lavoro e alle piccole attrezzature, la vera spesa è rappresentata dal macchinario per cuocere le confetture e dal pastorizzatore, attrezzi necessari anche se costosi. Ci sono poi attrezzi che rendono la lavorazione più semplice sia in termini di tempo che di lavoro, ma che se non hai le possibilità subito, potrai acquistare in un secondo momento. Non scoraggiarti, ci sono delle soluzioni alternative anche per chi decide di partire dalla cucina di casa e ha un budget ristretto.

Dividerò le attrezzature in indispensabili, molto utili e utili.

Indispensabili
Banco multifunzione o bolla di concentrazione
Lo strumento principale per la preparazione delle tue confetture è quello dove cuocerai le tue preparazioni. L'ideale sarebbe il banco multifunzione, un macchinario che definirei quasi "magico". Il costo è un po' elevato: parliamo di circa 15 mila euro, ma li vale tutti.

In ogni caso, anche per chi vuole iniziare in economia, come accennavo, ci sono delle alternative. Ti sconsiglio vivamente di usare i semplici pentoloni di casa. Sfatiamo il mito che la marmellata della nonna fatta in casa è la più buona. Ti spiegherò più avanti quanto questa credenza sia sbagliata e dannosa.

Intanto vediamo cos'è un banco multifunzione e perché è così speciale. Ce ne sono di varie capacità (e costo) che vanno da 40 litri fino a 300 litri e oltre. Il banco multifunzione o bolla di concentrazione è stato concepito per la produzione artigianale di confetture e conserve con garanzie massime di sicurezza sanitaria. E i vantaggi di questo tipo di lavorazione sono molteplici.

La caratteristica principale è che si lavora la materia prima sottovuoto, il che significa che l'ebollizione del prodotto avviene a bassa temperatura, intorno ai 60°-65°, in modo da evitare la cristallizzazione degli zuccheri, mantenendo inalterate tutte le proteine, le vitamine e le proprietà organolettiche ed evitando l'ossidazione della frutta; il tutto riducendo i tempi di lavorazione.

Vediamone il funzionamento. Introdotta la frutta nella bolla, che è una specie di grosso pentolone con tante valvole, si ha la concentrazione del prodotto per estrazione dell'acqua dalla frutta.

Lo scopo è proprio quello di cuocere concentrando la confettura con l'eliminazione di tutta l'acqua libera. L'acqua che rimane è solo quella legata, che non è attaccata da attività microbiche.

Questo processo avviene in sottovuoto in modo tale che l'evaporazione si ha a 40°/60°, e non a 100°, in soli 20-25 minuti. Ecco perché la frutta non perde di freschezza mantenendo intatti colori, sapori e profumi. Va da sé che più concentriamo, togliendo acqua, più la frutta risulterà dolce. In questo modo non si avrà bisogno di aggiungere tanto zucchero. Ne basterà pochissimo, solo il minimo richiesto per legge.

Il banco multifunzione funge anche da pastorizzatore, quindi puoi evitare di acquistarne uno risparmiando circa 10 mila euro. Una volta tolta la confettura dalla bolla e riempiti i vasetti, si possono mettere questi ultimi nella stessa, tramite un apposito cesto, e avviare il programma di pastorizzazione. In questo modo si avrà la sicurezza del prodotto.

La pastorizzazione ha lo scopo di abbattere in modo drastico la carica microbica e disattivare gli enzimi pectinolitici che comprometterebbero la qualità igienica della confettura. La pastorizzazione avviene in poco tempo, in 10, massimo 20 minuti, e subito dopo si attiva lo shock termico garantendo, in questo modo, una conservazione perfetta del vasetto.

Come vedi la tanto decantata marmellata della nonna, ahimè, è un prodotto di scarsa qualità. Innanzitutto le ricette della nonna utilizzano un'alta percentuale di zucchero, che viene aggiunto quasi all'inizio della lavorazione, quando la frutta contiene ancora tutta la sua acqua, proprio perché lo zucchero ha la capacità di inglobare in sé l'acqua libera fungendo così da conservante.

Di contro, per far sì che la confettura abbia una giusta consistenza, la ricetta prevede una cottura lunghissima, che va da 1 a 2 ore. In tal modo rimane ben poco delle proprietà della frutta. Colore, sapore e qualità nutritive vengono praticamente distrutte.

I banchi multifunzione oggi, vengono prodotte da molte aziende. Qualche anno fa vi erano solo due aziende in Italia e una in Spagna. Non ho avuto grande scelta e ho dovuto sottostare alle leggi di mercato imposte, quasi un monopolio. Non solo ho speso una cifra elevata ma, dopo l'acquisto, non ho avuto la benché minima assistenza. Al primo intoppo dovuto all'inesperienza mi hanno chiesto 1.000 euro solo per venire a vedere di che tipo di problema si trattasse. Naturalmente, non volendo spendere una simile cifra, mi sono armata di pazienza e ho smontato la parte del macchinario che creava problemi. Ho trovato l'inghippo, l'ho risolto e ho rimontato il tutto, perdendo parecchio tempo e anche parecchio prodotto che era in lavorazione.

Ho accennato a questo episodio per farti capire che gli imprevisti ci saranno sempre ma, grazie a tutto ciò che ti sto svelando, puoi evitarne parecchi. In ogni caso sono sempre disponibile, anche in futuro, per aiutarti in qualsiasi passaggio o problema che tu possa trovare mettendo a tua disposizione tutta la mia esperienza.

Come accennato, ci sono bolle di concentrazione di diverse misure e consumi: da 60, 140, 300 litri; la scelta dipende da quanto intendi produrre giornalmente. Ecco qui una tabella delle dimensioni e dei consumi di una bolla di concentrazione:

Modello / Capacità	100 Lt.	200 Lt.	300 Lt.
Diametro corpo evaporante	600 mm.	700 mm.	800 mm.
Capacità di condensazione:	70-80 lt/h ca.	150-160 lt/h ca.	220-230 lt/h ca.
Consumo di vapore:	100 kg/h	150 kg/h	200 kg/h
Potenza impegnata :	1,5 kw	2,0 kw	2,5 kw

In alternativa alla bolla di concentrazione potresti acquistare una pentola bollitore-pastorizzatore professionale il cui costo si aggira intorno ai 400-500 euro. È poco ingombrante e si usa su una normale cucina a gas di casa.

Ma la soluzione più economica di tutte è la classica grossa pentola. Non usare il pentolone di casa, ma acquista una pentola di rame di forma svasata. Il rame ha la caratteristica di avere un'ottima conduttività, si riscalda in modo veloce e distribuisce il calore uniformemente per una cottura omogenea, evitando zone molto calde, cosa importantissima per evitare la caramellizzazione degli zuccheri. Il rame inoltre aiuta il legame delle molecole di pectina. È importante anche la forma della pentola di rame. Scegliila svasata per aiutare l'evaporazione dell'acqua e diminuire sia i tempi di cottura sia la quantità di zuccheri da aggiungere.

45

SEGRETO n. 9: cerca sempre di ottimizzare i tempi: prepara e pastorizza contemporaneamente.

Rifrattometro o misuratore di gradi Brix
Il rifrattometro è un attrezzo indispensabile per conoscere sia il grado di maturazione della frutta, sia la dolcezza della confettura finita. La sua funzione è quella di misurare la quantità di zuccheri – gradi Brix, appunto – presenti nella frutta o nella preparazione.

Senza un rifrattometro non potresti mai avere la standardizzazione della tua marmellata. Rischieresti, a parità di ricetta, e quindi stessa quantità di frutta e zucchero, di avere marmellate diverse, ossia una più dolce dell'altra. E questo semplicemente perché la frutta non è tutta dolce alla stessa maniera.

Ad esempio potresti avere una partita di fragole più matura di un'altra, quindi se metti sempre la stessa quantità di zucchero, una volta avrai una marmellata con un determinato grado di dolcezza e un'altra volta una con un grado diverso, solo perché la frutta, evidentemente è diversa. Con il rifrattometro non correrai questo rischio e risparmierai anche denaro perché a volte ti capiterà di usare molto meno zucchero della quantità richiesta in ricetta.

Vi sono vari tipi di rifrattometro. Quello che ti consiglio è un semplice modello a cannocchiale, il più economico, gestibile, semplice e di facile utilizzo. Anche questo puoi trovarlo su internet a un prezzo molto minore di quello praticato da un rivenditore di attrezzature per laboratorio. Un ottimo rifrattometro lo si trova anche a 40 euro.

Ti consiglio un rifrattometro ad ampia scala, particolarmente indicato per le concentrazioni di zuccheri. Un rifrattometro con una scala da 0 a 80° Brix sarebbe perfetto. A me fecero comprare due rifrattometri, uno con scala da 0 a 20 e l'altro con scala da 20 a 80... e non ti dico quanto li ho pagati!

Occorre un rifrattometro a larga scala perché all'inizio della preparazione occorre misurare il grado di dolcezza della frutta, che è molto basso – va da 10° a un massimo di 23° nei frutti più dolci, come i fichi – e successivamente bisogna misurare i gradi Brix finali, dopo l'aggiunta dello zucchero calcolato proprio in base della dolcezza della frutta iniziale. Quindi il rifrattometro è assolutamente indispensabile. Ti spiegherò nel prossimo capitolo come poterlo sfruttare al meglio per ottenere un grande aiuto.

L'utilizzo del rifrattometro è semplice: basta far cadere alcune gocce di polpa di frutta o di marmellata finita sullo strumento e verificare sul display, o nel mirino in controluce, il valore.

SEGRETO n. 10: il rifrattometro è uno strumento indispensabile che ti permette di calcolare la percentuale di zucchero della tua confettura.

Pastorizzatore o autoclave

Affinché il tuo prodotto sia veramente sicuro e a norma, occorre pastorizzare il prodotto finito una volta messo nei vasetti. Non occorre sterilizzare, in quanto la legge impone la sterilizzazione solo per carni pesci e latticini. Per le confetture e per le verdure è sufficiente la pastorizzazione. La differenza fra le due è che la sterilizzazione avviene a temperature molto alte, mentre per la pastorizzazione non si va oltre i 100°.

Poiché la marmellata contiene zucchero, che è già un conservante naturale, e poiché la frutta non sviluppa batteri come la carne, il latte o il pesce, non occorre andare oltre i 100° in modo da non stressare ulteriormente il prodotto.

Se decidi di non prendere una bolla di concentrazione che funge anche da pastorizzatore, puoi acquistare un pastorizzatore singolo o un'autoclave. Io personalmente consiglio di acquistarlo in ogni caso, anche se hai una bolla di concentrazione, perché quest'ultima non ha una grande capienza e non può contenere tanti vasetti.

Il processo di pastorizzazione è un po' lungo e pertanto, utilizzando lo stesso macchinario, tra la preparazione della marmellata, l'invasettamento e, infine, la pastorizzazione, si allungano i tempi di produzione di moltissime ore, se non di giorni. Ricordo perfettamente mia mamma, addetta alla produzione, che spesso aspettava la fine della pastorizzazione fin oltre la mezzanotte. Avevamo solo il banco multifunzione e non un pastorizzatore separato quindi, dovendo usare lo stesso macchinario per preparare e pastorizzare, i tempi si allungavano.

Se invece hai un pastorizzatore separato, mentre hai una preparazione di frutta in lavorazione, puoi pastorizzare i vasetti pronti della precedente preparazione. Insomma, prepari e pastorizzi contemporaneamente.

L'autoclave è invece una sorta di grande pentola a pressione ed ha un costo meno elevato del pastorizzatore, a parità di capacità. Il pastorizzatore uccide i batteri non tanto con la temperatura, ma con lo shock termico. Una volta posizionati i vasetti nel pastorizzatore, si introduce una sonda nel vasetto pilota, che è un vasetto pieno in cui si è praticato un foro al centro del tappo per inserire la sonda. Il vasetto pilota viene messo al centro, fra gli altri vasetti, e serve per misurare la temperatura del prodotto all'interno. Quando arriva alla temperatura impostata, il pastorizzatore si spegne e introduce acqua fredda. Per effetto dello shock termico tutti i batteri patogeni vengono distrutti.

Se decidi di acquistare un pastorizzatore o un'autoclave ti consiglio di prenderlo di taglia media, non piccolo, con capacità almeno di 100 vasetti da mezzo litro. Il costo va dai 10 mila euro in su e purtroppo è molto difficile trovarne di seconda mano, perché nessuno se ne disfa finché non sono completamente distrutti, e sono macchinari che durano in eterno.

L'alternativa al pastorizzatore sono le autoclavi piccolissime, che stanno su un fornello a gas. Sono più grandi di una pentola a pressione, possono contenere circa a 10 vasetti – anche 20 di quelli più piccoli – e costano dai 150 euro in su.

Puoi anche decidere di non pastorizzare affatto, cosa possibile se usi una tecnica particolarissima usata soprattutto all'estero che ti svelerò più avanti.

SEGRETO n. 11: banco multifunzione, pastorizzatore e rifrattometro sono gli strumenti base, ma esistono valide alternative per chi parte dalla cucina di casa.

Stampante per etichette

Come saprai non è consentito stampare le etichette con una semplice stampante a getto d'inchiostro. Andresti incontro a sanzioni. Occorre una stampante specifica che utilizza inchiostri a pigmenti altamente resistenti sia all'acqua sia allo scolorimento dovuto a raggi UVA. Se vuoi produrre marmellate di diverso gusto e diversi formati, e vuoi inserire periodicamente nuovi prodotti, non è possibile fare a meno di una stampante per etichette.

L'alternativa sarebbe avvalersi di una tipografia ma, credimi, se vuoi risparmiare ore e ore in inutili attese e nervosismo per inevitabili errori e imprevisti, metti in cima alla lista delle attrezzature da comprare una bella stampante per etichette. Considera che stampare un'etichetta in tipografia costa almeno 7 volte di più che stamparla in casa, e vuoi mettere la comodità di stampare un'etichetta per un prodotto nuovo, di personalizzare la tua etichetta o semplicemente apportare delle modifiche in pochi minuti?

Ho trascorso ore in tipografia aspettando che il grafico avesse un po' di tempo per me, poi lavoravamo insieme all'etichetta e a volte, a lavoro fatto, quando le etichette erano già stampate, mi accorgevo che c'era un piccolo errore. Un ulteriore svantaggio è che devi per forza ordinare un certo quantitativo di ogni etichetta con una scadenza già prestampata. E se le etichette scadono e non le hai utilizzate? Soldi buttati. Per non parlare di quando devi fare delle modifiche, ad esempio, negli ingredienti. Devi buttare tutte le etichette, e non solo, devi anche andare di nuovo dal tipografo che non sarà contento di dover fare modificare per l'ennesima volta la mascherina. Molti tipografi chiedono un compenso per ogni modifica.

Comunque sia, oltre che comodo, avere una propria stampante è anche molto economico. Parliamo di 20-25 centesimi per un'etichetta stampata in tipografia contro i 2 centesimi di una fatta con la tua stampante. L'unico inconveniente è la spesa iniziale, ma viene presto ammortizzata.

Molte tipografie specializzate hanno dei pacchetti, vendono la stampante più una fornitura di etichette già stampate con il tuo logo e la grafica che scegli, nonché un tecnico a disposizione in caso di problemi, per sempre e gratuito. Di solito si occupano anche della grafica della tua etichetta. Mettono a disposizione un grafico che lavora con te per disegnare l'etichetta con il logo che hai scelto, o che hanno ideato per te.

Molto utili

Riempitrice-colmatrice

La riempitrice-colmatrice offre davvero un buon aiuto. Non solo riempie i vasetti in maniera pulita e precisa ma, cosa essenziale, non vi sarà l'aria residua che si crea di solito tra il vasetto colmo e il tappo rendendo il prodotto sottovuoto e sicuro al riparo da muffe.

Con una riempitrice non avrai più problemi di riempimento, che è un'operazione abbastanza antipatica perché bisogna stare attenti a non sporcare il bordo del vasetto, fare attenzione al livello di riempimento e far sì che tutti i vasetti abbiano la stessa identica quantità di prodotto. Trovo che semplifichi molto il lavoro, ma è uno di quei macchinari borderline, nel senso che aiuta ma non è indispensabile, quindi dipende dal tuo budget. Se riesci a farcela rientrare tanto meglio, altrimenti puoi fare senza e usare altri piccoli attrezzi e un po' di pazienza e lavoro in più.

Diventa quasi indispensabile, però, nel caso tu produca anche sottolio, perché riesce a togliere tutte le bolle d'aria che si creano tra i pezzi di verdura e l'olio. Pertanto, se vuoi produrre sia confetture sia verdure sottolio, ti consiglio di acquistarla proprio per la sicurezza del prodotto che vuoi vendere. Esistono anche dei monoblocco per riempimento e tappatura dei vasetti: tutto dipende dal tuo budget, ma sappi che si tratta di una spesa importante (siamo sui 10 mila euro).

Tappatrice

Sia il tappo che la tappatura sono molto importanti. Se una capsula è difettosa, o non si è tappato bene il vasetto, si possono creare delle muffe all'interno, spesso proprio sotto il tappo, che sono difficili da vedere da fuori ma che, una volta aperto il vasetto, sarebbero una brutta sorpresa che il consumatore troverebbe. Sia che usi le capsule *twist-off* con "flip" o "clic clac", sia che usi le capsule normali, l'attenzione deve sempre essere al massimo. Nel prossimo capitolo ti parlerò dei vari tipi di capsule, dei vantaggi e degli svantaggi di ognuna.

Ma occupiamoci ora della tappatrice. È un macchinario indispensabile? Di certo averlo ti mette al riparo dalle ansie, ma se riuscirai ad acquisire una buona manualità nel chiudere le capsule, ti accorgerai che poi lo farai in automatico e quindi puoi risparmiare una bella somma. Ti svelerò più avanti il segreto per chiudere perfettamente i tuoi barattoli.

Utili

pHmetro

Il pHmetro è un semplice strumento utile a misurare l'acidità degli ingredienti. Come sai i batteri, tra cui il botulino, si sviluppano in un ambiente poco acido, la frutta di per sé è acida ed ha già un pH basso, e il pHmetro non risulta indispensabile per le preparazioni di frutta come invece lo è per quelle di verdura. In ogni caso, poiché il costo è molto contenuto – parliamo di circa 40 euro per un buon pHmetro – lo si potrebbe tranquillamente includere nelle attrezzature.

Cutter

Il cutter è un attrezzo quasi indispensabile. Dico quasi poiché se si producono solo confetture se ne può anche fare a meno. Diventa invece indispensabile se di decide di produrre anche i sottolio. In questo caso, tagliare chili e chili di melanzane o zucchine a striscioline a mano diventa un problema, e comunque non risparmieresti nulla, in quanto dovresti spendere di più in mano d'opera. Un buon cutter ha un prezzo che si aggira intorno ai 700 euro, a cui bisogna aggiungere il costo dei dischi per i vari tipi di taglio. Ogni disco costa dai 50 ai 100 euro. Ma se hai un *Bimby* oppure un buon robot da cucina, puoi tranquillamente usare quelli.

Denocciolatore

Il denocciolatore è uno strumento comodo ma, a mio avviso, per niente indispensabile. Innanzitutto considera che i noccioli della frutta sono di diversa misura (pensa alle ciliegie e alle pesche), quindi dovresti prendere un denocciolatore che vada bene per entrambi e questo fa salire di molto il prezzo. Considerando che bisogna usare frutta molto matura, per quanto riguarda le pesche, le albicocche e le nespole è facilissimo farlo a mano.

Per le ciliegie invece basta acquistare 2 o 3 denocciolatori da casa, che costano circa 10 euro, e risparmiare un bel po' di soldi. Vi sono anche modelli che denocciolano le ciliegie e le prugne, che hanno un nocciolo più grande, e costano circa 25 euro. È vero che denocciolare a mano, anche se hai l'attrezzo, fa perdere un sacco di tempo, ma considera che non è del tutto tempo perso, poiché le ciliegie vanno comunque controllate una a una e dunque, mentre le denoccioli, le puoi contemporaneamente controllare.

Passatrice

Anche la passatrice è un attrezzo che si può pensare di acquistare più in là, o non acquistare affatto o essere sostituita con un buon blender o con il *Bimby*. In questo caso l'acquisto dipende per lo più dal tipo di confettura che intendi produrre. Considera però che l'orientamento attuale è quello della composta fatta con frutta a pezzettoni più che cremosa.

Una confettura con i pezzi dà più l'idea di genuinità e, soprattutto, dà la certezza che sia stata fatta con frutta fresca e non con purea di frutta acquistata, magari dai mercati esteri, per pochi soldi.

Etichettatrice

L'etichettatrice non è tra gli acquisti indispensabili. Ci vogliono pochi secondi per attaccare un'etichetta sul vasetto. Le etichette sono autoadesive, basta prenderci un po' la mano e si va spediti. Ricordati che la tua non è un'industria, ma un laboratorio, quindi anche producendo molto, e te lo auguro, puoi gestire facilmente questa operazione.

Le etichettatrici per piccole produzioni sono semplici da usare. Si mettono i vasetti su un piccolo rullo e, mano a mano che passano, le etichette vengono attaccate ai vasetti. Il costo si aggira sui 1.000 euro. Esistono anche macchine che stampano e incollano l'etichetta sul vasetto facendo due operazioni in una, ma i costi naturalmente salgono di molto.

In commercio vi sono anche delle piccole macchine etichettatrici semiautomatiche della grandezza di una stampante casalinga, dove è sufficiente caricare il rotolo di etichette, collocare, di volta in volta, il vasetto e premere un pulsante. L'etichetta verrà applicata senza imperfezioni. Se hai ancora un po' di disponibilità di budget, questo può essere un buon compromesso.

SEGRETO n. 12: anche le attrezzature utili possono sempre essere sostituite da piccoli strumenti poco costosi, ma altamente funzionali.

Un discorso a parte va fatto per i frigoriferi. I frigoriferi per industria, ahimè, hanno un costo elevato, e inoltre la gestione è complicata. Vi è tutta una normativa, un registro apposito e delle azioni quotidiane da svolgere.

Capisco che pensare a un laboratorio di confetture senza un frigorifero può sembrare assurdo, ma se lavori la frutta fresca in giornata ti consiglio di evitarne l'acquisto. Se invece hai un agriturismo o un ristorante, sai già come gestirlo e puoi anche acquistarne un altro piccolo da affiancare a quelli che già possiedi.

Vasetti di vetro e capsule
Non rientrano tra le attrezzature, bensì tra i costi variabili, i vasetti di vetro e le capsule. Ho già parlato di quanto sia importante la scelta del vasetto, e a questo punto penso che avrai già deciso che tipo di vasetto acquistare, ma non ho ancora parlato delle capsule, che sono la cosa più importante per la buona riuscita del prodotto. Se non hai la capsula giusta e non sai come usarla c'è il rischio di buttare tutto ciò che hai prodotto.

È doveroso fare un breve accenno sui vasetti. Il vasetto standard CEE è il classico, quello più usato ed economico. Le grandezze più comuni sono 212 cc, 314 cc, e 500 cc. Il costo si aggira fra 10 e 25 centesimi.

Fai molta attenzione perché alcune ditte impongono l'acquisto di più bancali per una spesa che arriva fino a 2.000 euro. Non fare come me che, ingenuamente, pensavo che poiché compravo all'ingrosso, fosse obbligatorio ordinare grosse quantità. Vi sono rivenditori all'ingrosso che vendono anche solo10 pezzi. Non ti conviene, specie all'inizio, impegnare una liquidità che potrebbe servirti per altro.

Se non vuoi il vasetto standard, puoi sbizzarrirti nella scelta di altri vasetti, ma sappi che più è particolare più la spesa sale. Sconsiglio il vasetto quadrato perché, oltre a essere passato di moda, è difficile da vuotare, rimane sempre qualcosa negli angoli. Da evitare anche il vasetto bombato a forma d'orcio, perché non riusciresti ad attaccare l'etichetta e saresti costretto a ordinare delle etichette con una forma particolare che costerebbero di più.

Passiamo ora alle capsule. Quelle più usate ed economiche sono di tipo *twist-off*. Puoi scegliere tra quelle rigide e quelle con "flip" o "clic clac". Le seconde sono più sicure perché danno la certezza che il prodotto all'interno del vasetto sia andato sottovuoto.

Se dopo la pastorizzazione il tappo rimane bombato, significa che l'aria non è uscita, quindi il vasetto non è vendibile. Il metallo delle *twist-off* con "flip" è più sottile delle *twist-off* rigide proprio per permettere alle capsule di rientrare.

Attenzione però, perché, essendo meno rigide, con gli sbalzi di temperatura potrebbero rialzarsi senza che questo implichi che il vasetto non sia chiuso ermeticamente. A me è successo diverse volte di sentire un "clic clac" durante il trasporto in macchina, in viaggi lunghi con sbalzi di temperatura, soprattutto in estate. Niente paura, perché dopo un po' la capsula rientra. Potresti spaventarti e andare in crisi pensando che il vasetto si sia aperto: niente di tutto ciò, è solo il metallo che, con il caldo, si dilata.

Particolare attenzione va fatta durante la chiusura, se viene fatta a mano. Nel prossimo paragrafo ti svelerò come fare per incapsulare a mano come se fossi una macchina.

SEGRETO n. 13: poni attenzione nella scelta dei vasetti e delle capsule da usare, facendo in modo che siano i più semplici da gestire; le capsule *twist-off* con "clic clac" sono le più sicure.

RIEPILOGO DEL CAPITOLO 2:

- SEGRETO n. 8: per l'acquisto di attrezzature non rivolgerti subito a negozi di settore specializzati, cerca sul web e, soprattutto, prodotti di buona qualità ma equivalenti.

- SEGRETO n. 9: cerca sempre di ottimizzare i tempi: prepara e pastorizza contemporaneamente.

- SEGRETO n. 10: il rifrattometro è uno strumento indispensabile che ti permette di calcolare la percentuale di zucchero della tua confettura.

- SEGRETO n. 11: banco multifunzione, pastorizzatore e rifrattometro sono gli strumenti base, ma esistono valide alternative per chi parte dalla cucina di casa.

- SEGRETO n. 12: anche le attrezzature utili possono sempre essere sostituite da piccoli strumenti poco costosi, ma altamente funzionali.

- SEGRETO n. 13: poni attenzione nella scelta dei vasetti e delle capsule da usare, facendo in modo che siano i più semplici da gestire; le capsule *twist-off* con "clic clac" sono le più sicure.

CAPITOLO 3:

Come procurarti gli ingredienti al miglior prezzo

Per produrre una buona confettura non occorrono molti ingredienti, ma il risultato può cambiare notevolmente se scegli un ingrediente piuttosto che un altro. In ogni caso, se vuoi fare la differenza sul mercato la parola d'ordine è una sola: qualità. La qualità degli ingredienti è la base. Con ingredienti scadenti avrai un prodotto scadente e su questo non si discute. La qualità ha il suo prezzo, ma anche in questo caso posso venirti in aiuto e insegnarti come ottenere i migliori ingredienti al prezzo più vantaggioso sul mercato.

SEGRETO n. 14: crea un prodotto innovativo, diverso da tutti quelli sul mercato, usa la fantasia e ingredienti di buona qualità.

La frutta

La frutta è l'ingrediente principale. Per ottenere un ottimo prodotto è importante usare della buona frutta fresca. Oltre alla frutta fresca, però, vi è in commercio anche polpa di frutta già pronta in grosse confezioni di alluminio o di latta. È anche possibile usare della frutta surgelata, ma attenzione, perché deve essere surgelata e non congelata. Più avanti capirai perché.

Partiamo dalla frutta fresca che è in assoluto la scelta migliore. La frutta più buona non è quella esteticamente più bella, anzi meno bella è e più conveniente sarà il prezzo, senza nulla togliere alla qualità e al gusto. La caratteristica più importante è la maturazione. Più è matura e più alto sarà il grado Brix, ma fai attenzione che la maturazione sia da pianta e non da frigorifero.

Se la frutta viene raccolta acerba e poi messa nelle celle frigorifere, dopo mesi matura lo stesso, ma è una maturazione che si sviluppa in maniera diversa. In parole povere si avrà un frutto dolce ma non saporito.

Ed ecco un segreto prezioso che ti farà trovare la frutta migliore al prezzo migliore. I contadini saranno ben felici di darti l'invenduto che non hanno modo di smaltire perché troppo maturo per il mercato. Spesso, se ti offri di raccoglierla tu stesso, pur di liberare il campo non chiedono alcun compenso. I grandi produttori, più facilmente dei piccoli contadini, la regalano volentieri. In cambio puoi donare dei vasetti di marmellata; credimi, apprezzeranno molto e te li farai amici.

SEGRETO n. 15: se non hai della frutta prodotta da te, il segreto è chiedere ai contadini della tua zona se, sulla pianta, hanno dell'invenduto di fine stagione o del prodotto di piccolissimo calibro da acquistare.

Dopo un po' di tempo che sarai entrato nel giro, impareranno a conoscerti e saranno loro stessi a chiamarti quando hanno della frutta da regalarti. Magari lo scarto, dove per scarto non si intende frutta marcia, ma quella esteticamente imperfetta e quindi non adatta al mercato. Certo, chi ti regala la frutta non si metterà a sceglierla, quasi sicuramente ti darà delle cassette di invenduto dove puoi trovare di tutto: sta a te fare una buona cernita.

Mi raccomando usa frutta matura, ma non guasta, perciò elimina i frutti marci o le loro parti guaste. Comunque sia ricorda, che il costo della frutta da industria – questo è il termine che si usa per indicare la frutta da conserve, non va mai oltre 1 euro. Solo se è un frutto raro o pregiato, o biologico, può costare un po' di più.

Frutta surgelata

Se scegli di usare frutta surgelata devi fare attenzione che sia effettivamente surgelata e non congelata. Surgelando la frutta, le particelle d'acqua all'interno non scoppiano, quindi quando la scongelerai, non la troverai sfatta e acquosa, ma quasi intatta. Se ne hai la possibilità, puoi surgelarla tu stesso. In questo modo non dovrai affannarti a concentrare la produzione solo in alcuni mesi, quando madre natura offre il frutto, ma potrai scandire e organizzare al meglio la lavorazione durante tutto l'anno.

Per surgelare la frutta, però, occorre acquistare un surgelatore che, fai attenzione, è diverso dal congelatore. Il surgelatore porta la frutta a -18° in tempi brevissimi, creando al suo interno dei microcristalli di ghiaccio che, una volta scongelati, non romperanno le cellule della frutta, né i valori nutritivi andranno via insieme all'acqua, ma rimarranno inglobati nella frutta. In questo modo anche sapore e colore rimangono intatti.

Il congelatore invece porta la frutta a -18° in tempi lunghi, durante il quale si formano dei cristalli di ghiaccio molto più grandi, chiamati appunto macrocristalli, che rompono la struttura cellulare della frutta con la conseguenza che, quando la scongeli, avrai una frutta sfatta, quasi una semi marmellata, il che non è affatto un pregio.

Polpa di frutta

Puoi scegliere di usare anche della polpa di frutta già pronta, ma che senso avrebbe, dico io, creare un laboratorio di frutta se poi proprio la lavorazione principe di tutto il processo non è opera tua? Stiamo parlando di creare eccellenze, prelibatezze, non solo di guadagno. Per conoscenza sappi che comunque esistono diverse ditte, anche straniere, che producono questi sacchi di polpa di frutta già pronta, anche biologica, a costi davvero irrisori.

Gli zuccheri

Il secondo ingrediente principe delle confetture sono gli zuccheri. La quantità di zucchero è regolamentata dalla legge e non può scendere al di sotto del 45% per le confetture extra, a patto che l'etichetta porti la dicitura "da conservare in frigorifero dopo l'apertura". Questo perché lo zucchero è un conservante in quanto ha la facoltà di inglobare l'acqua libera che è la causa della proliferazione di batteri e muffe.

La percentuale di zuccheri a cui fa riferimento la normativa non è quella riferita agli zuccheri aggiunti, ma alla somma degli zuccheri, derivante dagli zuccheri della frutta più gli zuccheri aggiunti. È per questo motivo che il rifrattometro è indispensabile. Ti spiegherò più avanti come calcolare la percentuale di zuccheri.

Una nota doverosa va fatta riguardo la dicitura in etichetta degli zuccheri. Qualche tempo fa era molto in voga scrivere sull'etichetta "senza zuccheri". Oltre a essere ingannevole, attualmente si tratta di una dicitura vietata. Se lo facessi, saresti soggetto a pesanti multe.

Come ho già spiegato, per poter definire il tuo prodotto confettura o confettura extra, dovrai aggiungere per forza una percentuale di zucchero, quindi sarebbe un falso se scrivessi "senza zucchero". Per aggirare l'ostacolo si può scrivere "senza zucchero bianco", oppure "con i soli zuccheri della frutta". A patto che realmente non usi zucchero bianco o che usi zucchero derivato da frutta.

Oltre al famoso e dannosissimo zucchero bianco, puoi preparare la tua confettura con qualunque tipo di zucchero: miele, fruttosio, zucchero di canna, sciroppo d'acero, malto, succo d'uva, stevia. Come ho già ripetuto più volte, se vuoi spiccare tra tutti nel mondo delle confetture, devi offrire un prodotto unico, speciale, che si differenzi dagli altri. Con questa premessa va da sé che se usi lo zucchero bianco sarà molto difficile distinguerti dalla massa.

Le nuove tendenze portano il consumatore a preferire prodotti più sani, rispettosi dell'ambiente e salutari, e lo zucchero bianco, che sappiamo essere quasi totalmente chimico, non corrisponde certo a questi requisiti. Ma esaminiamo più da vicino i principali tipi di zuccheri che si possono aggiungere.

Zucchero bianco

Come ti accennavo, lo zucchero bianco non ha più niente di naturale ormai. Da molti è considerato addirittura tossico perché per depurare il succo di barbabietola si usa il latte di calce; poi viene trattato con acido solforoso e, infine, colorato con un colorante fatto con il catrame.

Certo, lavorare la frutta con lo zucchero bianco ha moltissimi vantaggi, rende il lavoro molto più semplice ed è, tra tutti, lo zucchero più economico. Lo zucchero bianco è il più semplice da usare perché ha un sapore neutro e non altera quello della frutta, non ha nessun aroma particolare, ha un bel colore trasparente, rende più corposa la confettura e ingloba meglio l'acqua libera (quindi addensa meglio).

Zucchero di canna

Lo zucchero di canna è l'alternativa più diffusa allo zucchero bianco. In commercio esistono diversi tipi di zucchero di canna:

- zucchero di canna grezzo: è abbastanza scuro e con un aroma particolare che altera quello della frutta; ha il vantaggio di essere, tra tutti, lo zucchero di canna il più economico.
- zucchero di canna bianco: anche in questo lo sbiancamento avviene con prodotti chimici e quindi, secondo me, tanto vale usare lo zucchero bianco.

- zucchero di canna biologico: ha un costo più elevato e ti conviene usarlo se hai scelto di fare una produzione totalmente bio o rivolta a negozi gourmet.

I grandi svantaggi di tutti gli zuccheri di canna sono il colore più o meno scuro e l'aroma, ma ora si trovano in commercio degli zuccheri di canna abbastanza neutri e molto tendenti al chiaro. Consiglio sempre uno zucchero con granelli sottili.

Succo d'uva

Il succo d'uva va molto di moda, lo avrai sicuramente notato tra gli ingredienti degli yogurt dietetici. È un ottimo sostituto dello zucchero bianco, perché è incolore e insapore. Lo svantaggio risiede nel fatto che è troppo liquido per le confetture e quindi per addensare una preparazione occorrerà il doppio di tempo di cottura.

È ottimo se si vuole abbinare alla produzione di confettura quella della frutta sciroppata. Gli sciroppi da aggiungere alla frutta sono per l'appunto liquidi e il succo d'uva, essendo già liquido, facilita molto la preparazione.

73

Miele

Il miele è un po' un'arma a doppio taglio. Se da un lato aggiunge valore alla tua produzione, tanto da poter offrire quasi due prodotti in uno, dall'altro non riuscirai mai ad avere una vera confettura perché il sapore del miele è molto invasivo e non può essere considerato un ingrediente aggiunto, ma praticamente uno degli ingredienti principali.

Pertanto lo consiglio se si vuole creare un prodotto tipo confettura e miele, mentre lo sconsiglio se si vuole aggiungerlo in etichetta solo come un semplice ingrediente, anche in considerazione del costo del miele. Credo che tra tutti gli zuccheri sia quello più costoso.

Fruttosio

Anche il fruttosio ha un costo molto elevato, ma tra tutti è quello più simile allo zucchero. È di colore bianco e ha sapore neutro. È però più dolce dello zucchero bianco quindi, rispetto allo zucchero bianco, ne occorre circa la metà per far alzare il grado Brix.

Un altro vantaggio è quello di poter scrivere in etichetta "con i soli zuccheri della frutta", poiché il fruttosio viene estratto dalla frutta (in realtà viene estratto dal mais) ed è adatto ai diabetici.

Da studi fatti, sembra che sia meno dannoso, anche se non innocuo per i diabetici. L'innalzamento dell'indice glicemico è meno della metà rispetto al glucosio e al saccarosio. Le calorie del fruttosio inoltre sono inferiori rispetto al glucosio. Quindi usando il fruttosio puoi sfruttare questa fetta di mercato. Oppure puoi anche proporla come un prodotto adatto per le diete.

Malto

Il malto è tra i miei preferiti. Ha la consistenza del miele e ne occorre meno dello zucchero bianco, perché dolcifica di più. Bisogna solo stare attenti a che tipo di malto scegliere. In commercio ve ne sono di diversi: malto d'orzo, malto di grano, malto di mais, malto di riso. L'unico che può essere utilizzato per le confetture a mio avviso è il malto di riso. Lo ritengo il più adatto per colore e sapore. Il malto d'orzo, ad esempio, è molto scuro, quello di grano ha un sapore intenso e predominante.

Tra tutti, quello di riso è il più chiaro, quindi non altera il colore della frutta. È il più neutro come sapore e, poiché è estratto dal riso, è adatto anche ai celiaci e ai diabetici perché, come il fruttosio, procura un basso innalzamento dell'indice glicemico.

Altri zuccheri

Vi sono poi altri tipi di zucchero meno comuni degli altri e meno usati in Italia, soprattutto perché molto costosi e di difficile reperibilità. Sto parlando dello sciroppo d'acero, che tra l'altro è scurissimo e ha un sapore deciso, della stevia, costosissima, e della melassa che, a mio avviso, è sconsigliatissima per via del suo intenso aroma che copre tutti gli altri sapori. Dello zucchero invertito, dello zucchero gelificante e di quello con amido non parlerò in questa sede perché li ritengo assolutamente inadatti per una preparazione artigianale di qualità.

SEGRETO n. 16: sul mercato vi sono diverse tipologie di zucchero: scegli quello più adatto al tuo tipo di produzione, facendo attenzione anche al potere dolcificante e alla facilità di utilizzo.

L'acido citrico

L'acido citrico non è nient'altro che il succo di limone. Avendo una piantagione di limoni, io ho sempre usato il succo fresco dei limoni e ti assicuro che la differenza è notevole. Se però non hai la possibilità di procurarti del succo di limone fresco, puoi sempre acquistare dell'acido citrico. Lo trovi anche nei negozi bio e inoltre funge da addensante.

L'acido citrico serve a mantenere brillante il colore della frutta e a dare un senso di acidità alla confettura che, senza, risulterebbe molto stucchevole. Infatti è indicato come correttore di acidità. In generale, in cucina è molto importante avere un giusto equilibrio tra dolcezza e acidità. Un'altra funzione importantissima dell'acido citrico consiste nell'abbassare il pH della frutta, Infatti con un basso pH difficilmente i batteri, tra cui il botulino, possono svilupparsi. Un pH $\leq$ 4,6 rende il botulino e altri batteri inattivi.

Addensante

Ed eccoci giunti all'ingrediente più controverso: l'addensante. Bisogna usarlo? E se sì, di che tipo? Vi sono alcune preparazioni che risultano molto acquose; le fragole e le ciliegie, ad esempio, sono frutti con poca pectina e, a meno che non si voglia stare ore a far evaporare l'acqua, anche se hai la bolla di concentrazione, devi necessariamente usare un addensante.

Per i frutti come le mele, le mele cotogne, i fichi, le arance, i limoni e le prugne, che contengono molta pectina, non è assolutamente necessario aggiungerne. In tutti gli altri casi, dobbiamo attrezzarci.

La pectina più comune è quella industriale, che presenta diversi vantaggi: è economica e di facile utilizzo. Non è altro che una polverina che si mescola durante la lavorazione. L'unico problema è dato dal fatto che è chimica, e scrivere sull'etichetta "pectina", nell'immaginario comune non è sinonimo di prodotto naturale e genuino, anche se in realtà è del tutto naturale.

Un'alternativa valida alla pectina è un'alga chiamata agar agar, che si può trovare in commercio anche biologica. Lo svantaggio, oltre che nel costo, sta nel dosaggio. Per trovare il giusto dosaggio bisogna procedere per esperimenti. In genere si usano 10 gr per ciascun kg, ma anche qui dipende dal tipo di frutta. Poiché ne servono davvero pochissimi grammi, anche se più costosa, paradossalmente risulta più economica. Ti consiglio di prendere quella in polvere che è più facile da usare e dosare.

Se invece vuoi un prodotto fatto con sola frutta, è possibile aggiungere, durante la preparazione, un sacchettino contenente bucce d'arancia, torsoli, semi e bucce di mela. Questi contengono moltissima pectina e aiutano a addensare la preparazione. Basta togliere il sacchettino a fine cottura.

Un altro metodo tutto naturale consiste nell'usare delle mele o, meglio ancora, delle mele cotogne. La mela cotogna addensa come nessun altro frutto, bisogna solo stare attenti a non metterne molta perché altererebbe troppo il sapore. Aggiungendone poca conferisce un gusto particolare alla tua confettura; se fosse troppa potrebbe prevalere sul gusto frutto principale. L'unico problema è che la mela cotogna non si trova in tutti i periodi dell'anno, e soprattutto non si trova durante il periodo delle fragole, ma anche a questo si può ovviare. Seguimi nella lettura e ti svelerò come risolvere.

Dulcis in fundo puoi armarti di pazienza e produrre da te la tua pectina. Nell'ultimo capitolo troverai una ricetta per preparare una buona pectina. Ti avverto comunque che il risultato non è lo stesso di quella industriale o dell'agar agar. È un po' debole, ma bisogna anche educare il consumatore a una confettura il più naturale possibile e questo significa anche un po' meno densa del solito. In fondo la tua è una confettura diversa da tutte le altre, no?

SEGRETO n. 17: la pectina, al contrario dell'opinione comune, è un ingrediente del tutto naturale, ma se vuoi differenziarti puoi usare l'agar agar o prepararla tu stesso.

Aromi e spezie

Personalmente sono nettamente contraria agli aromi chimici. Usare un aroma chimico in una confettura artigianale mi sembra davvero un controsenso e un'eresia. Ricordati che se vuoi avere successo devi puntare *in primis* sulla qualità. Avere un ottimo prodotto è alla base di tutto; sei un piccolo produttore, non una grande industria, quindi ne va della tua reputazione. Quando i consumatori assaggeranno il tuo prodotto, lo assoceranno a te.

Anche se sono contraria agli aromi chimici, adoro però tutti gli aromi naturali perché, secondo me, danno un tocco in più al prodotto rendendolo speciale, unico e diverso dagli altri. Aggiungere della cannella biologica alla marmellata di ciliegie, la rende profumata e fa rivivere ricordi di bambino. Oppure la vaniglia a una marmellata di pere... apri il vasetto e ti sembra di avere tra le mani una torta appena sfornata. Se aggiungi del peperoncino poi, avrai una confettura stuzzicante, che puoi vendere anche come afrodisiaca o per accompagnare cibi salati, ad esempio i formaggi.

Con gli aromi e le spezie ti puoi veramente sbizzarrire, ce ne sono a centinaia, dal cardamomo all'anice stellato, ai chiodi di garofano, allo zenzero e tantissime altre. Puoi divertirti a inventare accostamenti nuovi e ti aiuteranno molto a rendere la tua confettura particolare, unica. L'importante è usare sempre prodotti di ottima qualità e, possibilmente, biologici.

SEGRETO n. 18: gli aromi naturali e le spezie sono il *quid* in più che fa la differenza, la "polverina magica" naturale che trasforma una semplice confettura in qualcosa di speciale.

RIEPILOGO DEL CAPITOLO 3:

- SEGRETO n. 14: crea un prodotto innovativo, diverso da tutti quelli sul mercato, usa la fantasia e ingredienti di buona qualità.

- SEGRETO n. 15: se non hai della frutta prodotta da te, il segreto è chiedere ai contadini della tua zona se, sulla pianta, hanno dell'invenduto di fine stagione o del prodotto di piccolissimo calibro e chiedere di acquistarlo.

- SEGRETO n. 16: sul mercato vi sono diverse tipologie di zucchero: scegli quello più adatto al tuo tipo di produzione, facendo attenzione anche al potere dolcificante e alla facilità di utilizzo.

- SEGRETO n. 17: la pectina, al contrario dell'opinione comune, è un ingrediente del tutto naturale, ma se vuoi differenziarti puoi usare l'agar agar o prepararla da tu stesso.

- SEGRETO n. 18: gli aromi naturali e le spezie sono il *quid* in più che fa la differenza, la "polverina magica" naturale che trasforma una semplice confettura in qualcosa di speciale.

CAPITOLO 4:

Come preparare una confettura 10 e lode

Ecco, ora hai davvero tutto l'occorrente. Rimboccati le maniche, indossa un bel grembiulone, una cuffietta e preparati a diventare il miglior "masterchef" delle confetture. Sei carico? Bene perché occorre tanto entusiasmo, ma anche pazienza, passione e determinazione. Ma credimi, se ce la metterai tutta, il successo è assicurato.

Il primo segreto che voglio svelarti è che per avere successo devi cercare di diversificare, di fare un prodotto sempre innovativo. Devi cercare di pensare a un prodotto che ancora non c'è sul mercato, ma che potrebbe essere nei desideri di tutti.

Dai libero sfogo alla fantasia, osa con abbinamenti particolari, gioca con i colori della frutta, abbina frutti dai profumi diversi e cerca di usare tutto il frutto. Ad esempio puoi fare una confettura di albicocche che abbia al suo interno qualche mandorla delle albicocche stesse. La marmellata o la gelatina di arance puoi arricchirla con profumate striscioline di buccia delle arance stesse.

Un abbinamento molto furbo consiste nel fare una confettura di un frutto abbinandolo, ad esempio, con la mela. Scegli di unire la mela, che contiene molta pectina, a un frutto di per sé acquoso che ha difficoltà a addensarsi. Così, oltre ad avere una confettura particolare avrai anche risolto il problema della consistenza. È un piccolo trucco che ti risolve un bel problema.

Ma al di là di tutti i consigli e trucchi, alla base di un buon prodotto ci sono sempre degli ottimi ingredienti. Non risparmiare su questo, assicurati sempre di avere il miglior prodotto che c'è sul mercato.

SEGRETO n. 19: crea un prodotto innovativo, magari abbinando due frutti diversi di cui uno è la mela, in modo da avere anche il vantaggio di non dover aggiungere pectina.

Ora che sai anche come scegliere gli ingredienti e hai veramente tutto, puoi iniziare finalmente a produrre la confettura più gustosa, profumata e buona del secolo! Ti illustrerò come fare una buona confettura sia con la bolla di concentrazione che con la pentola professionale. Il risultato è diverso, ma se userai gli accorgimenti che ti sto per svelare, potrai ottenere ugualmente un buon prodotto. All'inizio il procedimento è lo stesso per entrambi.

Prima di procedere con la frutta, assicuriamoci di avere tutto l'occorrente a disposizione per non interrompere la catena e non perdere tempo. Procediamo innanzi tutto con la sterilizzazione dei vasetti.

Ci sono diversi modi per sterilizzare i vasetti, il più classico dei quali è la bollitura. Ricordati di mettere tra i vasetti di vetro un canovaccio o uno straccio pulito, perché durante la bollitura, urtandosi, potrebbero incrinarsi. È sufficiente bollire i vasetti per 30 minuti, poi adagiarli a testa in giù su un canovaccio pulito e poi voltarli a testa in su per far sì che si asciughino possibilmente anche all'interno. Bolli anche le capsule, ma solo per 10 minuti.

È possibile sterilizzare i vasetti anche nella pentola a pressione, con lo stesso metodo di prima, riducendo i tempi a 10 minuti dal fischio. Vi sono poi altri due metodi, molto più semplici e veloci ma senza dubbio più dispendiosi: il forno e l'alcol.

Sterilizzare i vasetti in forno è molto più semplice, bisogna usare un forno ventilato in modo che la temperatura sia uniforme. È sufficiente mettere i vasetti nel forno fino a riempirlo, impostare la temperatura a 170° e lasciarveli per almeno 20 minuti. Per le capsule bastano 10 minuti.

Attenzione a non riempire i vasetti subito, perché a contatto con la confettura bollente potrebbero spaccarsi. Va da sé che se non hai un forno a gas, oppure energia a pannelli solari, usare il forno per sterilizzare ti costerà parecchio, ma a volte se devi fare delle piccole produzioni può essere la soluzione più veloce e comoda.

L'altro metodo è la sterilizzazione a freddo, che utilizza l'alcol alimentare. È un metodo veloce, semplice e ottimale perché l'alcol evapora subito lasciando il vasetto sterilizzato e asciutto. Basta mettere un po' di alcool nel vasetto e agitarlo per bagnarlo tutto. Lo svantaggio è il costo elevato e anche se si passa l'alcool da un vasetto all'altro senza buttarlo, dopo aver sterilizzato il primo vasetto, comporta comunque una spesa maggiore rispetto agli altri metodi.

SEGRETO n. 20: oltre al metodo classico della bollitura, per la sterilizzazione dei vasetti di vetro e delle capsule puoi usare il forno ventilato o l'alcol alimentare.

Dopo aver sterilizzato i vasetti sei pronto per iniziare. Procedi con la cernita: bisogna esaminare i frutti uno a uno, controllare che non ci siano parti marce o deteriorate. Dopodiché si passa al lavaggio della frutta e si procede a sbucciare, tagliare o denocciolare a seconda della frutta che stai lavorando e della ricetta. Usa il tuo mixer o una mandolina per i tagli a cubetti, oppure riducila in purea se decidi di fare una confettura liscia e non in pezzi, o ancora spremi il succo se vuoi fare una gelatina oppure usa un estrattore, se ne hai uno, in modo che il sapore rimanga più concentrato.

È il momento ora di usare il primo attrezzo "magico" e cioè il misuratore di gradi Brix, il tuo rifrattomentro. Posa un po' di polpa di frutta sul vetrino e osserva quanti gradi Brix contiene la frutta: misurerai il grado di dolcezza di partenza della tua frutta. Di solito la frutta fresca non supera i 23°, ma dipende dal tipo di frutta e dal suo grado di maturazione. Va da sé che più la frutta è matura, più alto sarà il grado Brix e meno zucchero dovrai aggiungere.

Ricorda che per una confettura extra, gli zuccheri contenuti non possono essere inferiori al 45%. Naturalmente parliamo di zuccheri totali dati dagli zuccheri della frutta più gli zuccheri aggiunti, quindi di gradi Brix. Ti consiglio di non superare questa percentuale perché una confettura non molto dolce incontra i gusti di diversi tipi di consumatori: quelli che prediligono prodotti dietetici, quelli che hanno problemi di salute, i naturalisti, le donne, che sono sempre a dieta.

Molte confetture in commercio superano i 70° Brix: tutto zucchero e poca frutta. Diciamocelo chiaramente, è una furbata per risparmiare sulla frutta.

Per calcolare la percentuale di zuccheri della tua preparazione basta usare una semplice formula. Ti faccio un esempio con dati volutamente presi a caso. Supponiamo di utilizzare 1 kg di frutta e 500 gr di zucchero aggiunto per ottenere 1.300 gr di prodotto. Per prima cosa calcoliamo il totale degli zuccheri dato dallo zucchero della frutta (calcolato col rifrattometro) + lo zucchero aggiunto: il totale è 550.

La percentuale di zuccheri sarà data da:
zuccheri totali: prodotto = $100 : X$

Nel nostro caso perciò avremo:
$550 : 1300 = 100 : X$
$X = 42\%$

Nell'esempio proposto non raggiungiamo la percentuale stabilita per legge e pertanto abbiamo due opzioni:
- aggiungere altro zucchero (ed è ciò che fanno molti produttori furbetti);
- lasciar concentrare di più la frutta, facendo evaporare più acqua.

In questo modo si potrà aumentare il grado Brix e la percentuale di zucchero senza aggiungerne altro. Adesso sta a te decidere se seguire la strada della qualità e della differenziazione o quella del risparmio.

SEGRETO n. 21: per raggiungere i gradi Brix desiderati è meglio concentrare piuttosto che aggiungere zucchero; la formula per il calcolo della percentuale di zuccheri è data da zuccheri totali : quantità prodotto = 100 : X.

Da questo momento il procedimento è un po' diverso a seconda se utilizzi una pentola professionale o la bolla di concentrazione.

Procedimento con la bolla di concentrazione
Cuocendo la confettura in una bolla di concentrazione otterrai una confettura pronta in minor tempo. Ciò significa non solo tempi di cottura brevi, ma anche temperature non troppo elevate in modo da preservare colore, gusto e proprietà organolettiche. Il procedimento è semplice: basta introdurre la frutta mondata e lavata, o la polpa passata, chiudere la bolla e creare il vuoto. La bolla di concentrazione inizierà a estrarre l'acqua libera della frutta. Sta a te decidere quanta acqua togliere.

Più acqua si elimina più il sapore della confettura risulta concentrato e, di conseguenza, dolce. I gradi Brix della frutta aumentano perché si ha concentrazione, quindi occorrerà aggiungere meno zucchero. Più acqua libera togliamo, più il rischio di carica batterica diminuisce poiché l'acqua legata non è attaccabile. Di contro, più concentriamo, più si riduce il volume. Pertanto, per un dato quantitativo di frutta si ottiene una quantità di confettura diversa a secondo di quanta acqua si toglie.

Come ti accennavo prima, per risparmiare sulla frutta, in molti scelgono di lasciare l'acqua e aggiungere più zucchero. In questo caso è indispensabile sia per raggiungere i gradi brix desiderati, sia come conservante, perché avendo lasciato più acqua, aumenta il rischio di batteri, e lo zucchero si sa, ingloba in sé l'acqua libera.

Una volta che hai stabilito quanta acqua togliere, apri la bolla di concentrazione che, ricorda, ha cotto la frutta sotto i 100°. Aggiungi zucchero fino ad arrivare ai gradi Brix desiderati, l'addensante che hai scelto, gli aromi naturali, il succo di limone e lascia cuocere a coperchio aperto per 30 minuti circa (dipende dalla quantità di frutta che hai messo in lavorazione). Alcuni tipi di frutta, come ad esempio le fragole, possono schiumare. È bene togliere la schiuma in superficie perché contiene aria e, come abbiamo detto, l'aria può favorire la proliferazione di batteri.

Per essere sicuri della densità desiderata fai la prova del piattino. Versa un po' di confettura su un piattino che metterai nel freezer per farla raffreddare in fretta; se non cola, la confettura è pronta e puoi passare all'invasettamento.

Procedimento con pentola professionale o bacinella di rame
Se non hai una bolla di concentrazione, non ti scoraggiare perché otterrai sicuramente un prodotto molto valido. Ricorda che hai il vantaggio di usare della frutta fresca, molto matura, e un valore aggiunto sarebbe se tu decidessi di usare della frutta biologica o, meglio ancora, biodinamica. Se seguirai i miei suggerimenti, il costo non risulterà molto elevato.

Il procedimento per creare una confettura con pentola o bacinella di rame lo conosci già, è quello che hai sempre fatto, ma grazie a ciò che sto per dirti avrai modo di evitare certi "errori" della nonna e di ottenere una confettura da leccarsi i baffi. Dopo aver cernito, lavato e tagliato – o passato al passaverdure o al mixer – la frutta, sei al punto in cui la dovresti concentrare togliendo l'acqua in eccesso. Non hai una bolla di concentrazione, ma puoi comunque farlo mettendo a scolare la frutta in un colapasta.

Il succo che rilascia la frutta è maggiore dell'acqua che evapora nella bolla di concentrazione. È vero, perderai un sacco di prodotto e non solo l'acqua libera, ma ti svelo un super segreto e cioè come trasformare un sottoprodotto, un residuo di produzione in qualcosa di speciale.

Non buttare questo succo, raccoglilo in una bacinella e potrai usarlo per farci un ottimo sciroppo di frutta, o una gelatina di frutta, o una salsa agrodolce per condire arrosti. Avrai così due prodotti con uno stesso quantitativo di frutta. Fantastico vero?

Spesso dai cosiddetti scarti di lavorazione, escono fuori delle cose inimmaginabili. Lo sapevi, per esempio, che il famoso *Bacio* Perugina è stato inventato, per caso, con gli scarti della granella di nocciole degli altri cioccolatini? Da uno scarto è uscito un prodotto che ancora oggi è un must sul mercato e un brand conosciuto in tutto il mondo.

SEGRETO n. 22: puoi ottenere un ottimo prodotto anche senza bolla di concentrazione scolando l'acqua di vegetazione; raccogliendo poi il succo avrai un delizioso sciroppo, ricavando due prodotti da uno stesso quantitativo di frutta.

Prima di mettere a cuocere la frutta, misurane il grado Brix iniziale e decidi a quanti gradi finali dovrà arrivare la tua confettura. A questo punto puoi iniziare la cottura. Aggiungi alla frutta tutti gli altri ingredienti: zucchero, succo di limone, aromi naturali, se la ricetta lo prevede, e addensante.

Anche se hai fatto sgocciolare la frutta, nella pentola la confettura sarà sempre molto liquida ma, invece di cuocerla per ore per farla addensare, ti suggerisco di usare più pectina. Dovendo usare più pectina è quasi d'obbligo, per un prodotto di qualità, usare pectina naturale o biologica, quindi via libera all'agar agar, alla pectina fatta da te o alle mele cotogne.

Cuoci poco la confettura, direi che 1 ora per 5 kg di frutta è sufficiente, ma dipende anche dal tipo di frutta. Ricontrolla i gradi Brix.

Ricordati che durante la cottura l'acqua evapora, si verifica la concentrazione della frutta e i gradi Brix aumentano. Quindi mantieniti basso con la quantità di zucchero all'inizio, misura durante la cottura e, se è il caso, aggiungine altro in seguito.

Qual è il grado ottimale? Non c'è un grado ottimale, dipende molto dal gusto, ferme restando le disposizioni di legge. Io mi tengo sempre intorno ai 42°, ma ti consiglio di assaggiare e, se credi che sia poco dolce, aggiungi zucchero. Cerca di non superare i 45° così avrai un prodotto più naturale, con il sapore della frutta che predomina su quello dello zucchero, e potrai scrivere sull'etichetta "confettura extra di frutta".

Ricordati che la confettura calda sembra meno dolce di quando è fredda, quindi non basarti sull'assaggio a caldo, ma a freddo. Per quanto riguarda la densità, il segreto, comunque sia, è quello di educare il consumatore a una confettura più liquida. Spiegandone le ragioni, fai sì che quello che potrebbe essere un difetto diventi un punto di forza, una particolarità delle buone confetture di qualità.

Accenna al fatto che se una confettura è densa potrebbe dipendere dalla lunga cottura o dal fatto che ci sono più addensanti chimici all'interno. Avverti sempre che, una volta aperto il vasetto, la confettura va tenuta in frigorifero e consumata nel giro di 15 giorni.

Una soluzione potrebbe essere quella di usare un vasetto più piccolo, da 212 cc, in modo che una volta aperto possa essere consumato in minor tempo. Volendo, una strategia marketing potrebbe essere quella di allegare una ricetta per ogni vasetto così da suggerire i vari modi di gustarla, per consumarla prima. Dopo aver cotto la confettura, procedi con il riempimento dei vasetti che hai precedentemente sterilizzato con uno dei metodi suindicati.

Ora sia che tu abbia preparato la tua confettura con la bolla di concentrazione o con la pentola di rame devi procedere con l'invasettamento. Durante il riempimento del vasetto, fai attenzione a non sporcarne i bordi: oltre a essere antiestetico, può invalidarne la chiusura, facendo entrare aria e batteri. Una buona soluzione, pratica ed economica, è l'imbuto da vasetto, un imbuto con un collo largo quanto il vasetto. Costa pochi euro ed è di acciaio. Poi chiudi il vasetto.

Se non hai un'incapsulatrice e devi chiudere i vasetti a mano, niente paura, è sicuramente più difficile della chiusura con la macchina a pressione, ma una volta che ci avrai preso la mano, come si suol dire, non ci saranno problemi di sorta.

Non devi stringere troppo le capsule, altrimenti l'aria che rimane all'interno, nello spazio tra la confettura e il tappo, non può uscire e non si creerà il sottovuoto. Ma non devi nemmeno lasciare il tappo troppo lento, altrimenti, invece di uscire solamente, può entrare altra aria. Per fortuna se avrai lasciato il tappo lento te ne accorgerai perché durante la pastorizzazione il vasetto si riempirà d'acqua. Devi riuscire a calibrare la mano, per questo ti consiglio di far tappare sempre e solo a una persona, quella cioè che si sarà specializzata in questo compito.

SEGRETO n. 23: riempi i vasetti usando un imbuto adatto per non sporcare i bordi e calibra bene la forza nel chiudere le capsule.

Ora puoi passare alla pastorizzazione. Introduci i vasetti pieni nel cestello all'interno del banco multifunzione, chiudi e fai partire il programma di pastorizzazione. Se hai un pastorizzatore separato o un'autoclave è ancora meglio, perché mentre pastorizzi i vasetti pronti potrai iniziare con un nuovo ciclo di preparazione ottimizzando i tempi e duplicando la produzione.

Se non hai un pastorizzatore, puoi mettere a bollire i vasetti in una grande pentola dove avrai avuto l'accortezza di mettere sul fondo uno strofinaccio pulito per non far sbattere tra di loro i vasetti durante la bollitura. Se hai introdotto i vasetti ancora caldi, basteranno 10 minuti di cottura dal bollore dell'acqua. Dopo il ciclo di pastorizzazione, togli i vasetti dal pastorizzatore, controlla che i tappi non abbiano rigonfiamenti e che non sia entrata acqua, asciuga e pulisci i vasetti e la tua confettura è pronta per essere etichettata, inscatolata e messa sul mercato.

Un suggerimento: poni attenzione all'acqua che usi per la pastorizzazione, perché se è molto dura lascerà dei brutti aloni di calcare sui vasetti che vanno via solo con molto olio di gomito. Se non hai un impianto di depurazione, usa dei prodotti che addolciscono l'acqua.

Come ti accennavo nel capitolo precedente, puoi anche evitare la pastorizzazione se usi un metodo diffuso soprattutto in Francia, ma poco conosciuto in Italia: il disco di paraffina.

La paraffina alimentare si vende in blocchi e basta fonderla a fuoco lento mescolando. Una volta fusa, versala sulle conserve, dentro i vasetti, in uno strato di mezzo centimetro circa, livellando con un cucchiaio di legno per ricoprire uniformemente tutta la superficie del prodotto.

La paraffina, raffreddandosi, indurisce e diventa un ottimo isolante per l'aria, assicurando una perfetta conservazione del prodotto. Poi, una volta aperto il vasetto, semplicemente con la punta di un coltello si potrà togliere il dischetto di paraffina.

99

SEGRETO n. 24: se vuoi evitare di pastorizzare puoi usare una tecnica efficace ma poco conosciuta in Italia: il tappo di paraffina.

RIEPILOGO DEL CAPITOLO 4:

- SEGRETO n. 19: crea un prodotto innovativo, magari abbinando due frutti diversi di cui uno è la mela, in modo da avere anche il vantaggio di non dover aggiungere pectina.

- SEGRETO n. 20: oltre al metodo classico della bollitura, per la sterilizzazione dei vasetti di vetro e delle capsule puoi usare il forno ventilato o l'alcol alimentare.

- SEGRETO n. 21: per raggiungere i gradi Brix desiderati è meglio concentrare piuttosto che aggiungere zucchero; la formula per il calcolo della percentuale di zuccheri è data da zuccheri totali : quantità prodotto = 100 : X

- SEGRETO n. 22: puoi ottenere un ottimo prodotto anche senza bolla di concentrazione scolando l'acqua di vegetazione; raccogliendo poi il succo avrai un delizioso sciroppo, ricavando due prodotti da uno stesso quantitativo di frutta.

- SEGRETO n. 23: riempi i vasetti usando un imbuto adatto per non sporcare i bordi e calibra bene la forza nel chiudere le capsule.

- SEGRETO n. 24: se vuoi evitare di pastorizzare puoi usare una tecnica efficace ma poco conosciuta in Italia: il tappo di paraffina.

CAPITOLO 5:

Quello che nemmeno gli esperti sanno

Finalmente sei arrivato alla fine. Hai prodotto i tuoi bei vasetti pieni di buona dolce confettura di frutta fresca, sana profumata e gustosa, dal colore brillante. Ma a cosa serve realizzare un prodotto di eccellenza se poi non lo sa nessuno? Inizia ora un'altra fase importantissima: far conoscere le tue delizie. Hai già bene in mente il tuo mercato di riferimento e stai già pensando a come venderle. Ecco allora un regalo per te: sto per svelarti un segreto bomba.

Hai tra le mani un'arma potentissima e forse nemmeno lo sai. È un "dettaglio" davvero importante che pochi conoscono o mettono in evidenza. Questo è il segreto che metterà il tuo prodotto al di sopra di tutti gli altri. Seguimi attentamente.

Come dicevamo, per legge la confettura deve contenere almeno il 35% di frutta, la confettura extra almeno il 45% e la composta di frutta il 65%. Hai idea di quanta frutta contenga la tua confettura con metodo che ti ho insegnato per prepararla? Tieniti forte: oltre il 90% e spesso oltre il 100%. Sì, hai letto bene, puoi ottenere una confettura con oltre il 100% di frutta. Incredibile vero? Sembra impossibile, ma è proprio così.

SEGRETO n. 25: con il procedimento che ti ho spiegato, la tua confettura può contenere oltre il 100% di frutta.

Questo perché la frutta fresca in cottura perde acqua, si riduce di quantità e quindi per ottenere 1 kg di confettura, dovrai impiegare molto più di 1 kg di frutta, nonostante tu aggiunga altri ingredienti.

Abbiamo già visto la formula per calcolare la percentuale di zucchero, adesso ti svelo la formula per ottenere la percentuale di frutta della tua confettura:

Frutta utilizzata : Peso totale confettura = X : 100

Facciamo un esempio. Per una composta di ciliegie, se utilizzerai

10 kg di ciliegie, e stabilendo il grado Brix a 40°, otterrai 24 vasetti da 314 gr.

Quindi il calcolo sarà:

10.000 gr : 7536 (24 vasetti x 314) = X : 100

X = (10.000 x 100): 7536 = 132

La tua composta di ciliegie ha il 132% di frutta.

Ciò vuol dire che per ottenere 100 gr di prodotto dovrai usare 132 gr di frutta. Fantastico vero? Hai un prodotto superiore, una vera eccellenza e puoi far leva su questa caratteristica non da poco per vendere al meglio la tua confettura.

Dovrai mettere questo dettaglio bene in evidenza, e puoi anche incentrare tutta la tua campagna pubblicitaria su questo, oltre al fatto che utilizzi poco zucchero o utilizzi solo zuccheri della frutta o il malto di riso adatto a celiaci e diabetici.

Devi cercare di sfruttare al massimo tutte queste caratteristiche che sono quelle che differenziano il tuo prodotto da tutti gli altri. Per legge non dovresti nemmeno chiamarle confetture extra, ma composte di frutta proprio in base al fatto che contengono una percentuale di zucchero inferiore al 45% e un'alta percentuale di frutta, superiore al 65%. Ricorda che sono i due fattori più importanti che giocano insieme. Per questo è importante stabilire *a priori* i gradi Brix che si desiderano raggiungere.

SEGRETO n. 26: metti bene in evidenza le caratteristiche che distinguono il tuo prodotto: la frutta fresca e la sua percentuale oltre all'uso di zuccheri naturali.

Un altro particolare che puoi sfruttare a tuo favore è la pectina. Sì, proprio la pectina. Spesso quando sente che c'è la pectina il consumatore torce il naso, questo perché la pectina è inserita per legge nella categoria degli additivi alimentari e si sa che qualsiasi cosa che viene definita additivo è vista come negativa, artificiale, chimica e dannosa. Ma per la pectina non è così.

Innanzitutto la pectina è naturale, anche quella che si vende al supermercato liofilizzata deriva da materie prime naturali. Certo, poi per renderla disponibile in polvere subisce dei processi chimici. Per questo è bene informare il consumatore che tu usi solo pectina naturale fatta in casa, oppure agar agar, che è un'alga naturale.

Soprattutto dovrai comunicare che la pectina è un alimento probiotico, utilissimo all'intestino più dei fermenti lattici e che se, al contrario, non si usasse la pectina, si dovrebbe sostituirla con una maggiore quantità di zucchero e questo sì che non sarebbe salutare.

SEGRETO n. 27: informa il consumatore che la pectina è un ingrediente del tutto naturale con proprietà benefiche e che aggiungendola alla confettura si diminuisce la quantità di zuccheri.

Adesso è arrivato il momento di svelarti qualche ricetta.

Pectina

Preparare la pectina non è complicato. Basta mettere a bollire 1 kg di bucce di arance e mele, torsoli e semi di mele (meglio se di mele cotogne, che contengono più pectina), in 750 gr di acqua in cui avrai spremuto il succo di 1 limone. Io consiglio di frullare le bucce in modo da far fuoriuscire più pectina. Fai bollire per 2 ore, poi filtra il liquido ottenuto. Deve avere una consistenza appiccicosa, e non molto liquida.

Per conservare la pectina basta metterla in un vasetto di vetro sterilizzato e chiuso ermeticamente, farla bollire per 20 minuti e avrai della pectina tutta fatta da te. Oppure puoi congelarla. Ricorda però che il potere addensante di questa pectina è più debole rispetto a quella in polvere in commercio. Ne occorrono 250 gr ogni kg di frutta utilizzata e 500 gr di zucchero.

Confettura di ciliegie e amarene
Ingredienti:
5 kg di ciliegie;
5 kg di amarene;
40 gr di agar agar;
2/3 di kg di sciroppo di riso a seconda dei gradi Brix iniziali della frutta;
succo di 1 limone grosso.

Se la frutta utilizzata ha 15° Brix di partenza, si dovranno raggiungere i 45° Brix.

Procedimento in bolla di concentrazione

Seleziona accuratamente le ciliegie, lavale e denocciolale. Metti la frutta nella bolla di concentrazione e fai concentrare fino ad arrivare a 18°, aggiungi lo zucchero e il succo di limone e fai cuocere per 30-40 minuti fino a raggiungere i 45° Brix. Infine aggiungi l'agar agar in polvere. Mescola e fai la prova del piattino: se la densità è giusta, riempi i vasetti sterilizzati, chiudi con le capsule e pastorizza.

Procedimento in pentola professionale

Seleziona accuratamente le ciliegie, lavale e denocciolale. Mettile in uno scolapasta con un po' di zucchero, con un recipiente sotto. Lascia scorrere il succo delle ciliegie. Metti la frutta, che ha perso parte del suo liquido, nella pentola e aggiungi lo zucchero e il succo di limone.

Fai cuocere per 1 ora fino a raggiungere i 40° Brix, poi aggiungi l'agar agar in polvere e mescola. Prima di riempire i vasetti fai la prova del piattino: se la densità è quella giusta, riempi i vasetti sterilizzati, chiudi con le capsule e pastorizza.

Con il succo delle ciliegie che hai raccolto puoi preparare dell'ottimo sciroppo di amarene e ciliegie da usare per arricchire gelato e torte o per fare della gelatina.

Marmellata di agrumi mediterranei
Ingredienti: 40 arance possibilmente di diverso tipo; 6 limoni; 10 mandarini; 1 bergamotto; sciroppo di riso o zucchero di canna o un altro dolcificante scelto.

Preparazione
Fai bollire 10 arance intere per 5 minuti, scolale, mettile a bagno in acqua fresca e lasciacele per 1 giorno, avendo l'accortezza di cambiare l'acqua almeno 1 volta.

Sbuccia il resto degli agrumi a vivo, tranne i limoni, stando ben attento a togliere tutte le pellicine, le parti bianche e i semi. Taglia a piccoli pezzi gli agrumi e conserva le bucce.

Dividi in due le arance bollite e poi tagliale a fettine sottilissime, buccia compresa. Spremi il succo dei 6 limoni. Taglia a striscioline molto sottili le bucce di 5 mandarini e del bergamotto, stando attento a non prendere la parte bianca amara.

Metti a cuocere tutta la frutta tranne le scorzette, il succo di limone e lo zucchero scelto. Cuoci per 30 minuti poi, con un frullatore a immersione rompi le fibre. Fai addensare fino al raggiungimento dei gradi Brix desiderati. Aggiungi le scorzette e procedi con la prova del piattino.

Insieme alle mele, gli agrumi sono i frutti con più pectina in assoluto, quindi non occorre aggiungerne nella preparazione. La marmellata dovrà avere un bel colore lucido e caramellato.

Ora non resta che riempire i vasetti, tapparli e procedere con la pastorizzazione o con la paraffina.

RIEPILOGO DEL CAPITOLO 5:

- SEGRETO n. 25: con il procedimento che ti ho spiegato, la tua confettura può contenere oltre il 100% di frutta.
- SEGRETO n. 26: metti bene in evidenza le caratteristiche che distinguono il tuo prodotto: la frutta fresca e la sua percentuale oltre all'uso di zuccheri naturali.
- SEGRETO n. 27: informa il consumatore che la pectina è un ingrediente del tutto naturale con proprietà benefiche e che aggiungendola alla confettura si diminuisce la quantità di zuccheri.

Conclusione

Bene! Il nostro viaggio è giunto al termine. Ti ho accompagnato in un percorso che forse non conoscevi, indicandoti buche e trabocchetti. Ti ho fornito una mappa dettagliata delle opzioni di scelta possibili e ho cercato di rendere il tuo viaggio colorato e saporito, lasciandoti immaginare colori e sapori delle confetture dei tuoi sogni.

Non ti rimane che provare. Ma provare davvero! Investi tutta la tua passione e le tue energie nella realizzazione del tuo progetto: il prodotto che realizzerai ne sarà lo specchio.

Certo i vasetti non si riempiranno da soli, ma se seguirai le strategie che ti ho elencato, avrai sicuramente successo. Ricorda che la fantasia e il gioco sono molto importanti.

Occorre serietà e preparazione, ma anche tanto amore, fantasia e gioco. Usa la fantasia per avere sempre un prodotto unico, che stupirà. Le combinazioni sono tante, puoi giocare con gli abbinamenti e inventare, ad esempio, una confettura di fichi e camomilla, o fragole e vaniglia, o albicocche e mandorle. Oppure puoi giocare con le forme per stupire, aggiungendo dei bellissimi piccoli semi di anice stellato o lasciando le fette sottilissime di arance intere ben visibili.

Puoi sbizzarrirti con i colori, magari unendo due confetture di colori diversi come, ad esempio, una confettura di frutti color rosso e una di frutti color arancio, sovrapponendole una sull'altra e facendo attenzione a non mischiarle.

Nel prodotto che confezionerai, si noteranno il tuo gusto personale, il tuo estro e la tua fantasia. Maggiore sarà il tuo coinvolgimento personale, migliore sarà il risultato. Quindi credi in te... talvolta i piccoli sogni diventano grandi realtà.

Per un approfondimento sull'argomento, puoi contattarmi e seguirmi sulla mia pagina Facebook:
https://www.facebook.com/Alessandra-Di-Napoli-138478633346692/

All'interno troverai suggerimenti e spunti anche su sottolio e altri prodotti artigianali e tipici in barattolo.

E se vuoi una consulenza dal vivo, puoi venire a trovarmi in Basilicata, nella mia struttura il B&B Apricot. Posso aiutarti nella progettazione e mostrarti parte dell'attrezzatura. Potresti godere della campagna da cui proviene la frutta che uso per le mie marmellate e, soprattutto, potresti assaggiarle servite a colazione.

Un grande in bocca al lupo!

Alessandra

.

www.ingramcontent.com/pod-product-compliance
Lightning Source LLC
Chambersburg PA
CBHW071447200326

41519CB00019B/5653